LUCIANA BRITES
DR. CLAY BRITES

COMO SABER DO QUE SEU FILHO REALMENTE PRECISA?

APRENDA OS 7 PILARES DA EDUCAÇÃO
E TENHA CERTEZA DE QUE ESTÁ
PREPARANDO SEU FILHO PARA A VIDA

Diretora
Rosely Boschini

Gerente Editorial
Rosângela de Araujo Pinheiro Barbosa

Assistente Editorial
Natália Mori Marques

Controle de Produção
Fábio Esteves

Preparação
Vero Verbo Serviços Editoriais

Projeto Gráfico, Diagramação e Capa
Vanessa Lima

Revisão
Sirlene Prignolato

Impressão
Assahi Gráfica

Copyright © 2018 by Luciana Brites e Dr. Clay Brites
Todos os direitos desta edição são reservados à Editora Gente.
Rua Wisard, 305, sala 53
São Paulo, SP – CEP 05434-080
Telefone: (11) 3670-2500
Site: www.editoragente.com.br
E-mail: gente@editoragente.com.br

Dados Internacionais de Catálogo na Publicação (CIP)

Brites, Luciana
  Como saber do que seu filho realmente precisa? : aprenda os 7 pilares da educação e tenha certeza de que está preparando seu filho para a vida / Luciana Brites, Clay Brites. — São Paulo : Editora Gente, 2018.
  160 p.

ISBN 978-85-452-0227-1

1. Desenvolvimento pessoal 2. Autoajuda 3. Educação de crianças 4. Pais e filhos I. Título II. Brites, Clay

17-1807 CDD 158.1

Índices para catálogo sistemático:
1. Desenvolvimento pessoal 158.1

DEDICATÓRIA

Dedicamos este livro a nossos filhos, que nos ensinaram a ser pais. Sem eles, esta obra não seria possível nem faria sentido. A arte de **ser** depende muito de **como aprender** e somente nos tornamos pais crescendo e desenvolvendo esse propósito no dia a dia.

Dedicamos esta obra também, e principalmente, aos pais e aos filhos. Aos pais que foram, durante todo este trabalho, a referência que nos norteou a escrever parágrafo por parágrafo. Os anos de clínica e a experiência acumulada no contato com as preocupações e com as incessantes perguntas fizeram brotar da melhor maneira todo o conteúdo que aqui disponibilizamos. Aos filhos porque acreditamos que a educação que damos é fator preponderante para criar – muito mais que filhos – seres humanos melhores que farão a diferença neste mundo

Este livro é dedicado ainda, especialmente, a homenagear Mizael Dias, pai da Lu, que sempre foi de poucas palavras, mas demonstrava, e muito, em suas ações tudo em que acreditava. De fala mansa, porém firme, de consistência em suas atitudes, ele sempre acreditou no diálogo, inspirando confiança nos filhos e nos netos para a realização, estimulando-os nos desafios e conciliando nos momentos de conflito, mostrando que amar não é fazer apenas o que se quer, mas, sim, o que é preciso ser feito e, sobretudo, mostrando otimismo e fé. Gratidão a Deus por permitir ter você em nossa vida!

AGRADECIMENTOS

Agradecemos primeiro a Deus, que nos guiou e direcionou – com sua luz e seu discernimento – nossas ideias e nossas sugestões para permitir que as orientações deste livro tragam reflexões e mudanças para otimizar as relações entre pais e filhos, fazendo com que se tornem pessoas melhores.

Somos gratos também aos nossos filhos, que sempre tiveram paciência em entender nossos compromissos, nossas correrias e nossos projetos. Eles compreenderam que a quantidade nem sempre expressa a qualidade da atenção que esperam de nós, por isso fazem parte ativamente deste processo e deste projeto.

Enfim, agradecemos a nossos pais, familiares, professores, colaboradores, ajudantes, pastores que, em rede, permitiram que este livro se tornasse a versão material de nossa história profissional e de vida.

A todos o nosso muito obrigado!

PREFÁCIO

FILHOS, PAIS, EDUCAÇÃO, ESCOLA E SOCIEDADE
(UMA TAREFA NOVA EM UM VELHO MUNDO DE CONCEITOS, MITOS E TENTATIVAS)

Foi com muito orgulho, honra e prazer que aceitei este convite de Clay e Luciana para prefaciar esta inteligente e necessária obra. Um fecundo e objetivo relato de experiências clínicas, posturas científicas sobre cuidados e educação e uma descrição clara e fiel do que é o nosso "novo mundo" nas relações pais/filhos.

Trabalho com crianças e adolescentes desde 1973, orientado na academia para atender os então chamados "crianças e adolescentes de risco". Essa população compreendia, entre tantos, as crianças autistas (que foram motivo de minha tese de mestrado), crianças e adolescentes depressivos (sim, nessa época já tínhamos sinais e sintomas de depressão em crianças e adolescentes), crianças e adolescentes psicóticos, principalmente adolescentes esquizofrênicos, aos quais dediquei um longo tempo de meu trabalho na clínica, em dois hospitais psiquiátricos e na universidade, orientando e supervisionando estudantes de medicina e psicologia.

Hoje, 45 anos depois, ainda me dedico ao atendimento de crianças e adolescentes de risco, mas, surpreendentemente, não são mais os autistas e os esquizofrênicos. São pequenas crianças oriundas de escolas de alto nível, em muitas das vezes, com queixas que vão desde os transtornos de atenção, dificuldades na aprendizagem (o que abala de maneira agressiva a autoestima), dificuldades na relação social (muitas vezes despertada pelo bullying), transtornos depressivos (cujo primeiro sinal é, ou o aumento da agressividade hetero ou autodirigida como também o isolamento, o silêncio e a ideação suicida) e transtornos chamados opositores-desafiadores (muito comuns).

Quando avaliadas e iniciando o processo de psicoterapia, mais as entrevistas com pai e mãe, surgem, de modo muito intenso, as dificuldades de aceitação das frustrações (frustrações de todo tipo das quais a vida está lotada), dificuldades dos pais em colocar seus desejos e seus limites (muitas vezes pela ausência prolongada ou pela terceirização dos cuidados), o uso de recursos externos como a bebida (fácil de se obter) ou a droga (também à mão numa sociedade que usa, hoje, a criança e o adolescente como consumidores de objetos, jogos, celulares, roupas, e, infelizmente, a droga e o álcool).

É muito difícil usar, numa sociedade tão cheia de estímulos, dogmas, teorias e (pre)conceitos, uma regra única para oferecer aos pais um padrão de educação e de conduta com os filhos. Contudo, sabemos, por meio daqueles estudiosos pesquisadores e clínicos que nos precederam, que a família é o alicerce da educação, que família e escola precisam estar parceiras e que a presença dos pais é fundamental.

Quando somos concebidos no ventre materno, nasce, aos 45 dias de vida fetal, uma peça neurológica que será presente em toda a nossa existência, comandando nossa motivação (ânsia – de ansiedade), nosso medo (que é a bagagem protetiva de nossa crítica e nossas atitudes) e a raiva (entidade muitas vezes mal interpretada por nós, mas que é a reação positiva frente à frustração e frente à impotência que muitas vezes sentimos).

Quando nossa motivação (ânsia) é interrompida por qualquer motivo, sentimos medo (de perder o prazer) e sentimos raiva (que é a emoção que nos liga à vida, pois a raiva, o grito, a birra, o "chilique", são "pedidos de ajuda" que um sujeito mostra, seja pelo choro, seja pela agressividade).

Essa peça que nos acompanha sempre, sem se desligar nunca, se chama amígdala cerebral. A amígdala é o nosso alarme para a vida. Uma criança recém-nascida pode sentir medo se, quando faminta, não recebe o alimento no momento do sofrimento e pode mostrar sua "raiva" por meio de uma mordida no mamilo da mãe que demora para atender ao choro da fome.

Assim como uma criança normal, um adolescente saudável ou um adulto lúcido podem reagir à frustração, ao medo, com a raiva.

Uma criança ou adolescente em sofrimento (na escola, na rua, em casa) pode "pedir ajuda" aos pais usando o grito, a birra, a desobediência, enfim, pedir ajuda por meio da raiva.

Costumo dizer aos pais que a criança ou o adolescente que mais me preocupam são os silenciosos; aqueles que ficam em seus quartos quietos, sem reclamar de quaisquer coisas (ou mesmo a criança "boazinha", que não oferece resistência para comer, tomar banho, cortar o cabelo, as unhas, escovar os dentes etc.).

Mimá-los ou submeter-se a eles não os ajuda nunca, pois eles precisam da palavra que coloca um caminho, uma proteção e, sobretudo, do "ouvir" suas queixas, não importando a dimensão ou a gravidade delas.

Ser mãe (ou pai) não é um papel social; é um lugar afetivo. O que isso significa? Significa, em primeiro lugar, compreender que filhos nascem (ou pelo menos deveriam nascer...) sob o signo do desejo dos pais: o sagrado e insubstituível desejo de cuidar.

Não há como se relacionar com um filho se o desejo de cuidar (que muitas vezes significa deixar alguns prazeres de lado) não existir. Filhos não podem vir ao mundo por questões de "preencher vazios" no adulto ou por satisfação da cobrança social que espera que casais tenham filhos.

Desejar é muito mais que isso: é ter a consciência de que a presença é fundamental (principalmente no primeiro ano de vida); é ter a consciência de que filhos crescem através e pelo contato com os valores e afetos dos pais (do adulto); é ter a consciência de que crianças e adolescentes normais choram, gritam, pedem, agridem, lamentam... mas que essa dinâmica significa um "pedido", não má-educação ou mal comportamento. Ouvir os lamentos e pedidos e ficar próximo, com a paciência e a tolerância suficientes para elucidar qual o sofrimento que está em jogo, este é o maior lugar afetivo dos pais.

Entender o significado de cuidar, educar, ajudar um filho é o propósito essencial desta presente obra, que convida pais e educadores para a percepção maior de que crianças são seres em crescimento, não estão prontos, passam por fases em seu desenvolvimento e precisam se nortear na vida por meio de pessoas que os amem.

Ivan Roberto Capelatto[*]

Janeiro de 2018

---

[*] Psicoterapeuta de crianças, adolescentes e famílias; mestre em Psicologia Clínica pela PUCCAMP; supervisor e professor do Grupo de Estudos e Pesquisas em Psicopatologias da Família, da Infância e da Adolescência (GEIC) de Londrina – PR; professor convidado do curso de Terapia Breve Familiar do The Milton H. Erickson Foundation Inc. (Phoenix, Arizona, USA); colaborador da UNESCO com o Projeto de Vida, apoio do jornal *O Estado de S. Paulo*.

SUMÁRIO

CAPÍTULO 1   Apesar de toda a tecnologia de que dispomos, educar nunca foi tão difícil 15

CAPÍTULO 2   Não existe manual de instruções 27

CAPÍTULO 3   Então, como educar os filhos? 57

CAPÍTULO 4   Pilar 1: Educar para as frustrações 63

CAPÍTULO 5   Pilar 2: Educar para as decisões 75

CAPÍTULO 6   Pilar 3: Educar para os conflitos 85

CAPÍTULO 7   Pilar 4: Educar para realizar 95

CAPÍTULO 8   Pilar 5: Educar para aprender 105

CAPÍTULO 9   Pilar 6: Educar para o diálogo 117

CAPÍTULO 10   Pilar 7: Educar para ser feliz 127

CAPÍTULO 11   Da teoria à prática: construindo os pilares em nossas crianças, um passo a passo 135

CONCLUSÃO   151

CAPÍTULO 1

APESAR DE TODA A **TECNOLOGIA** DE QUE DISPOMOS, **EDUCAR** NUNCA FOI TÃO DIFÍCIL.

A modernidade trouxe inexoravelmente grandes desafios às relações humanas. Desde ambientes corporativos e escolares passando pelos meios de comunicação, a dinâmica familiar tem sido também um dos alvos principais destes novos tempos. Entre vários, alguns dos símbolos principais da modernidade têm sido a influência da tecnologia em nosso dia a dia, as relações fraternais e paternais redinamizadas, a presença marcante da mídia com todos os seus efeitos realistas e a escalada da violência e das drogas.

Ninguém pode culpar os pais e os responsáveis por atitudes ora excessivamente superprotetoras, ora despretensiosas por achar que sua criança consegue lidar com experiências ainda tão inacessíveis para sua idade e seu nível de desenvolvimento. Em contrapartida, as cobranças sociais e a avalanche de "dicas" e "recomendações" de especialistas e programas de auditório injetam no inconsciente coletivo culpas e remorsos que rondam os pais e seus eternos temores de estarem sendo irresponsáveis e desleixados.

Veja, por exemplo, o caso de Lucas. Ele era um adolescente tranquilo, quieto, introspectivo e pouco afeito a eventos sociais mesmo dentro de sua casa. Costumava comentar com seus pais que jamais sairia de casa para formar uma nova família. Parecia mesmo que seria mais um "nem-nem" ou um eterno "filhinho" dos pais. A chamada Geração Nem-Nem, como tem sido denominada em meios econômicos e redes sociais, é composta por aqueles jovens que *nem estudam nem trabalham*, representando hoje um em cada cinco jovens de 18 a 25 anos no Brasil; essa massa tem preocupado os especialistas que os veem como um contingente que não contribui com nada em termos sociais e econômicos e podem ser um verdadeiro peso para suas famílias. Lucas parecia fadado a ser parte desse grupo: nada o preocupava ou o afetava pois, desde sua tenra idade, seus pais trataram de providenciar um ambiente totalmente seguro e previsível para ele. Seus 14 anos ainda pareciam distantes para a imaturidade gerada por toda essa proteção até que um dia teve de encarar a brutalidade de colegas da escola que o insultaram e ameaçaram, por meios nada sutis, numa cena que jamais teria naturalmente passado por sua cabeça.

Os dias que sucederam foram terríveis para Lucas e seus pais. O jovem começou a ter crises de medo, palidez, náuseas e rejeitou por completo a ideia de ir para a escola. Bastava imaginar o ambiente escolar ou ao se aproximar da escola poucos quarteirões antes, seu pai o ouvia gritar e vomitar e, inúmeras vezes, teve de retornar aborrecido e frustrado para casa. O próprio Lucas estava preocupado demais, pois vinha perdendo aulas e suas notas regrediam. O caminho tomado pela família foi levá-lo a psicólogos e médicos. Enfim, o que estava acontecendo?

ATITUDES EQUIVOCADAS

Durante os primeiros anos de vida, as crianças aprendem, a pequenos passos e por sucessivas experiências do cotidiano, como devem se defender ou reagir diante das adversidades naturais dos espaços em que vivem. Isso é totalmente normal, e especialistas têm recomendado permitir que a criança tenha contato com suas frustrações, seus fracassos e suas quedas, para que aprenda a encarar novos fracassos com aceitação e resiliência. Esses anos a preparariam para encarar novos imprevistos. Seus pais, nesse processo, teriam apenas o papel de dar suporte afetivo e segurar suas mãos para que se levantasse e voltasse a andar com os próprios pés.

Infelizmente, os pais têm agido por meio de atos compensatórios, como se seu filho jamais fosse conseguir autonomia. A perspectiva da futura autonomia é um sonho que, apesar de ser sempre idealizado, permanece em muitas famílias como uma constante utopia. Parece que isso nunca vai acontecer... A superproteção tem sido um dos maiores entraves para a concretização da tão sonhada autonomia. O termo *overparenting*, criado nos Estados Unidos, ilustra exatamente isso: pais, em *overdose* sobre os filhos, não dão espaço sequer para que aprendam a tomar decisões básicas com resultados negativos sobre a autoestima e a maturidade afetiva para lidar de modo construtivo com reveses sociais.

Fenômenos como esses têm sido cada vez mais constantes em famílias surgidas tardiamente. Pessoas que se tornam pais e mães após os 35 anos têm demonstrado enorme insegurança para educar. Muitas vezes, esses pais demoraram a ter filhos por problemas de fertilidade, por maus relacionamentos ou por causa de determinados projetos de vida. A paternidade/maternidade, ansiosamente esperada, passou a ser uma novidade tardia e, por extensão, uma nova experiência estressante e carregada de cuidados muitas vezes excessivos e desnecessários.

Um evento cada vez mais comum e desafiador que tem modificado o mapa de relacionamentos é a separação conjugal. Muitos casais ao se separarem tomam rumos diferentes na carreira, na vida pessoal, mas infelizmente, em muitas situações, acabam também divergindo quanto à educação dos filhos. O pai fala uma coisa; a mãe, outra. E a criança cresce sem uma referência, sem meios para avaliar entre o certo e o errado e com espaço para manipulá-los ao sabor de seus

OS PAIS TÊM AGIDO POR MEIO DE **ATOS COMPENSATÓRIOS**, COMO SE SEU FILHO JAMAIS FOSSE CONSEGUIR **AUTONOMIA**.

desejos. O reconhecimento de que algo pode não estar indo a contento demora e pode resultar em anos e anos de erros e imprecisões. Cada um fala uma língua e a comunicação fica vazia, incongruente. Como essa criança vai reagir? O que podemos esperar dela?

As últimas gerações de pais têm trabalhado fora de casa por mais tempo, e a dedicação aos filhos tem sido cada vez mais terceirizada e delegada às instituições como centros municipais de educação infantil (CMEIs) ou creches e escolas e babás. Vemos a cada dia mais profissionais desse tipo de instituição reclamarem que os pais têm delegado a eles responsabilidades que não condizem com suas atribuições. A função das creches está essencialmente voltada para os cuidados básicos da criança — como alimentação, higiene e espaço — e para as atividades lúdicas e sociais. A escola, por sua vez, deve cumprir a missão de capacitar nossos filhos para a aprendizagem acadêmica (leitura, escrita, Matemática, Ciências e Educação Física) e a abordagem de modelos para auxiliar na construção de uma carreira específica. Ambas não têm propriamente a função de educar por meio de condutas que envolvem relacionamento paternal ou fraternal ou que tenham a afetividade como base.

Por outro lado, muitas escolas vêm divulgando uma pedagogia mais afetiva, proposta que pode confundir os pais. Ao alardear esse modelo, a escola passa a impressão de que pode assumir aspectos da educação que a princípio não pertencem a ela. Aparentemente, pode ser um alento para muitas famílias, mas também um álibi para outras que vêm há tempos esperando a oportunidade de terceirizar os cuidados de seu filho para a escola. Os resultados desse tipo de abordagem podem ser dúbios e contrapostos.

Outro problema recorrente que costuma deixar os pais perdidos é em relação ao *bullying*. Como proteger o filho desse tipo de ação sem prejudicar a autonomia dele e sem interferir na dinâmica da escola? Na verdade, grande parte dos pais acredita que seu filho está sendo protegido pelo olhar invisível, mas seguro, da escola contra as investidas de alunos mal-intencionados. No entanto, o que se percebe é que esse tema ainda carece, por parte das escolas, de uma abordagem solidária para orientar os pais e para evitá-lo. A literatura é rica e extensa em mostrar a importância da vigilância da escola em perceber precocemente sinais de *bullying* entre os alunos como forma de proteger a vítima antes que o processo tome proporções graves, mas muitas instituições relutam e pormenorizam esses eventos. Os pais se perguntam: "Será que meu filho está sendo protegido pelo olhar invisível, mas seguro, da escola contra as investidas de alunos mal-intencionados?". Assim, na verdade, o *bullying* é mais um ponto sobre o qual os pais precisam ficar sempre alertas – tanto para que seu filho não seja vítima desse ato quanto para que ele não seja um praticante.

Não bastasse a rotina e os desafios das novas dinâmicas de mercado, os pais de hoje ainda têm de se dedicar a pensar se estão sendo suficientes ou não para seus filhos. O contato mais frugal entre eles faz com que os pais não consigam desenvolver a intimidade necessária para conhecer o temperamento, os gostos, as preferências e a personalidade de seus filhos. Essa situação distancia os olhares e reduz a sensibilidade para perceber mudanças. Desse modo, sem a intimidade e o contato afetivo mais intensivo, como saber o que falar, sentir e expressar com a empatia necessária durante um momento de interação com seu filho, seja para agradar, conversar ou dar uma bronca?

Carlos era uma criança que sempre dava muito trabalho a seus pais: pulava muito, era opositor, desafiava a cada momento que podia. Os pais evitavam ir com ele ao shopping, à igreja, a lugares públicos e até a reuniões familiares. A tendência de seus pais era se isolarem do mundo pois não conseguiam controlá-lo nos mais diversos ambientes. Apesar de ter somente 6 anos, ele mandava e desmandava como se fosse um adulto mimado com birras intensas e exigências desmedidas para o perfil da família. Seus pais estavam perdidos, constantemente deslocados, e a correria do dia a dia os afastava da chance de conhecer mais o próprio filho para poder tomar as rédeas da situação. Sem a intimidade necessária, como proceder? Fazer tudo para agradá-lo e compensar a ausência ou dar castigos e restrições diariamente para tentar controlar seu comportamento inadequado?

Esse conflito inquietante leva os pais a tomarem decisões erradas. Deixam seus filhos à mercê da tecnologia desvairada, a qual acaba tomando todo o tempo ocioso das crianças e trazendo em seu conteúdo assuntos inapropriados, culturas discrepantes em relação às crenças da família, adiantamento de assuntos e imagens precoces para o nível de desenvolvimento da criança, isolamento social e problemas no ciclo circadiano da criança, podendo levar a distúrbios alimentares e do sono. Outro efeito quase constante das novas tecnologias é a quebra da rotina da criança, uma vez que ela é levada a preterir suas tarefas diárias em casa e os deveres da escola, estimulando uma liberdade virtual, falsa e deteriorando sua motivação pelos assuntos familiares.

A persistência desses comportamentos nas relações familiares tem corroído por dentro a possibilidade de ampliar o diálogo e o estabelecimento de maior intimidade entre todos. Como esperar o desabafo para a redução das inseguranças e das angústias de nossos filhos nesse contexto que tanto estimula o isolamento e a introspecção?

Vivemos num panorama cada vez mais imediatista, mecânico e influenciado por contaminações ideológicas e tendenciosas que impulsionam a separação e o distanciamento afetivo. Somos impelidos a decidir rápido seguindo a moda do momento ou a opinião nem sempre embasada das mais diferentes mídias. Nossas decisões acabam se baseando mais em "dicas" que em nossa

NOSSAS **DECISÕES** ACABAM SE BASEANDO MAIS EM "DICAS" QUE EM NOSSA INTUIÇÃO OU NA SENSIBILIDADE AMADURECIDA PELO HÁBITO SAUDÁVEL DO **RELACIONAMENTO FAMILIAR**.

intuição ou na sensibilidade amadurecida pelo hábito saudável do relacionamento familiar.

"Nenhum filho é igual", já vaticinava nossas sábias avós. Essas ilustres senhoras conheciam cada choro de cada filho e percebiam que não podiam ter a mesma maneira de conversar nem o mesmo jeito de reagir aos conflitos. Cada filho seu demandava um caminho diferente. Por enfrentar o início de tudo, em geral o mais velho precisava de menos palavras e discursos mais amenos quando aprontava ou errava, pois entendia rapidamente e mudava logo, com ar comedido, suas atitudes. O mais novo era arredio, meio teimoso, mais egocêntrico e necessitava de maior "energia" da mãe para que pudesse ser convencido a corrigir suas tolices. Você deve estar pensando que agora os tempos são outros e que, como já dissemos, os pais infelizmente não conseguem dispor de tempo para conviver tanto com os filhos a ponto de ter a perspicácia da avó descrita no início deste parágrafo. E certamente deve estar perguntado: "Como perceber e delinear bem essas diferenças para evitar conflitos desnecessários e meios de ação que possam gerar constrangimento e humilhação?".

Essas perguntas são inquietantes, e muitas famílias, com toda razão, ainda se encontram perdidas, angustiadas e achando que, se até agora não fizeram nada ou não melhoraram a criação dos filhos, estão pondo tudo a perder. A busca dessas respostas exige ação e tempo, pois nossos filhos estão crescendo...

CAPÍTULO 2

NÃO EXISTE MANUAL DE INSTRUÇÕES

Estar constantemente envolvido em dúvidas ou totalmente perdido na hora de decidir como educar, proteger e, ao mesmo tempo, privar os filhos de sofrimentos é um estado de espírito natural e esperado para qualquer um que se torna pai, mãe ou que decide cuidar de outro ser humano. Temos presenciado pais que chegam e nos perguntam: como fazer o melhor? Como ter certeza de que estou acertando? Quais serão as consequências quando ele crescer?

Nenhuma criança nasce com manual de instruções acoplado ao seu corpo, não é mesmo? Se tudo fosse tão previsível ou se nossos atos bem-intencionados fossem garantia de sucesso ou de fracasso, essa fórmula tão desejada pelos pais e cuidadores estaria há anos bem sólida, com os passo a passos bem-definidos e, no transcorrer dos anos, saberíamos de cor e salteado o que fazer e, com certeza, acertaríamos.

Contudo, infelizmente, a evolução humana e a instabilidade das relações entre humanos mais velhos e mais novos tornam a educação uma tarefa que sempre sofre mutações e desafios constantes. Muitos vão naturalmente argumentar: na minha época não era assim; os filhos obedeciam mais; meu pai me controlava só com o olhar; meus erros eram corrigidos pelo grito ou pela pancada; "se fosse na minha época...".

Pois bem, as épocas mudam e sempre temos a sensação de que o que passou era melhor do que hoje e que as pessoas eram mais flexíveis ou obedientes ou passivas às imposições das autoridades. Que não existiam crianças difíceis, opositoras e tão "inteligentes" como nos dias atuais. Parece saudosismo de quem vem se convencendo de que antes os pais tinham maior controle sobre tudo... Será?

AS ÉPOCAS MUDAM...

Se fizermos um passeio pela história das sociedades humanas e observarmos a evolução das relações familiares, veremos que sempre existiram desafios e dificuldades a serem enfrentados na educação dos filhos. O que muda é o **tipo de desafio!** Em muitos momentos, nas últimas décadas, as famílias se viam às voltas com problemas financeiros, restrições de acesso a atendimento médico ou de profissionais de saúde específicos (esses nem sequer existiam para a maioria dos estratos sociais até há bem pouco tempo), mais fome e desnutrição, doenças infecciosas que não tinham cura ou eram rapidamente fatais, educação familiar baseada sobretudo na ameaça e na repressão, enfim, eram outros tipos de apertos ou de agruras.

Os pais "daquela época" reclamavam da ausência de ofertas materiais e da imaturidade resultante do fato de terem se casado precocemente e criarem filhos muito cedo. A criança parecia ter um valor secundário na dinâmica e na hierarquia familiar e por isso tinha mesmo de se conformar com as demandas e com as ordens vindas de cima. O clima cultural de outrora e a influência dos pais desses pais, que traziam consigo um padrão educacional ainda mais rígido, estabeleciam um modelo bem diferente do atual, mas que já mostrava, em contrapartida, novas faces. A geração atual parece resultar dessa progressiva flexibilização das relações entre os pares dentro de uma mesma casa.

Ao contrário do que muitos ainda pensam, as crianças não estão mais inteligentes hoje. Elas simplesmente vêm recebendo maior atenção, maior estimulação precoce, tendo mais veículos de comunicação e de caráter lúdico à sua disposição, os quais estão em sua sala, em seu quarto e nos ambientes que frequenta fora de casa.

O nível de escolarização dos pais vem crescendo vertiginosamente; a cada geração, desde os anos 1950 e 1960, temos assistido a mais componentes das famílias terem acesso a livros e concluírem formação universitária, o que permite maior liberdade para explorar ambientes e carreiras. A consciência de que somente o trabalho é suficiente vem dando espaço, dentro do núcleo familiar, ao trabalho associado a alguma formação superior ou técnica especializada. Mesmo pais que abandonaram os estudos por problemas pessoais atualmente têm buscado remediar o que perderam com o retorno às mesas e às carteiras escolares.

O avanço das pesquisas científicas e da Psicologia também tem impulsionado a humanidade a ser mais branda e flexível na condução das crianças e, ao mesmo tempo, vem ampliando o acesso a informações que condicionam a busca cada vez maior por outras práticas de interação com elas. Ora podem contribuir, ora podem fazer emergir pais excessivamente controladores ou protetores. Dependendo da realidade da família, essas práticas podem resultar em avanços ou, paradoxalmente, desencadear retrocessos.

Para exemplificar, podemos citar estudos recentes capitaneados por pesquisadores especializados nesses assuntos que mostram que o desenvolvimento de autorregulação emocional na infância depende tanto de fatores genéticos quanto do perfil dos cuidadores da criança. A forma como um cuidador reage diante de uma frustração ou da necessidade de esperar o que deseja serve de modelo para a criança que o observa, e ela vai se condicionando a responder da mesma maneira. O problema aqui é que muitos pais interpretam esses resultados como justificativa para serem excessivamente tolerantes com seus filhos. No consultório, é comum que cuidadores cheguem afirmando que não podem repreender porque seu filho pode ficar com traumas emocionais permanentes.

O acesso facilitado à informação, ora pela televisão, ora pela internet, tem exposto as crianças cada vez mais cedo a dados que muitas vezes não poderiam escutar ou ver por ainda não terem a maturidade necessária para se apropriarem daquilo de maneira saudável e benéfica para seu nível de desenvolvimento. Vemos, hoje em dia, crianças terem acesso a programas policiais perniciosos ou a conteúdos promíscuos sem a devida fiscalização ou impedimento de seus cuidadores. Aquilo que outrora era exclusivamente para adultos agora parece "normal" ser acessado por crianças. Infelizmente, já temos diversos exemplos de que as consequências têm sido desastrosas e, em muitos casos, ainda nebulosas para seu comportamento.

A liberdade de acesso tem sido impressionante e tem gerado reações dormentes, uma espécie de complacência de pais e educadores. O fato de ser de fácil acesso ou aquisição não significa que é adequado para a idade da criança. Estamos às voltas com muitos paradoxos que os novos tempos estão impondo até mesmo porque estão confundindo conceitos e modelos. Estamos sempre muito próximos de uma linha muito tênue entre o "pode" e o "não pode", o "permitido" e o "não permitido", entre o esperar e a urgência do querer. Antigamente, essa linha era mais espessa, ampla e evidente. Hoje, está muito permeável. Educar num ambiente assim espalha incertezas, produz muita insegurança e semeia ações confusas e paradoxais. A disponibilidade cada vez maior de imagens e sons de violência generalizada ou pornografia nas redes sociais e na TV — facilmente assistida por crianças — pode passar a impressão para elas e seus cuidadores de que, independentemente da idade, essas informações podem ser absorvidas normalmente. O uso de tablets por crianças é outro exemplo ilustrativo: sem qualquer critério, vemos crianças abaixo dos 5 anos manipulando livremente esse tipo de dispositivo como se fosse algo "normal". O problema é que nessa idade as crianças estão no pico do desenvolvimento de sua linguagem social, a qual depende do contato visual da criança com gestos e representações faciais humanas reais. Assim, ela pode associar palavras e frases que ouve ou fala à inconstância e ao ritmo das diferentes formas de comunicação daqueles que com ela convivem (e isso é muito importante!).

Os pais de nossa atualidade andam aturdidos, vivem em solavancos e contradições morais e parecem atropelados pela velocidade com que as novidades são apresentadas aos filhos sem qualquer filtro. Estes questionam e pressionam; os pais, por sua vez, correm para poder responder mesmo sem saber como. Parece que não existe mais um parâmetro, nem tempo para reflexão, tampouco um momento para verificar a veracidade e a real necessidade de se envolver nessas novidades com seus filhos. Como já descrito anteriormente, mudam-se os tempos, mudam-se os desafios: será que o desafio de nossa atualidade está exatamente aí?

Nesse cenário, uma criança, ainda em pleno desenvolvimento e carente de todas as estimulações para uma adequada construção de sua linguagem, de sua personalidade e de suas motivações, fica numa situação mais difícil ainda. Ela tem de lidar com o que não sabe, interpretar o que desconhece, falar dos mais diversos assuntos que não domina, sem muitas vezes ter um adulto para ser seu filtro ou sua referência. Parece mesmo que estamos vivendo numa *sociedade líquida*, segundo a perspectiva do filósofo Zygmunt Bauman. Em sua obra *Modernidade líquida* (2001), o autor atribui à sociedade moderna um perfil de plasticidade líquida em que suas ações assumem extrema capacidade de fluir e penetrar lugares, momentos e mentes de forma dinâmica e invasiva. Cada um de nós age ao seu sabor e sob sua força motriz, confundidos por seus mecanismos erráticos e emaranhados que nos levam a um modo sempre livre demais para consumir, escolher e criar juízos sem qualquer freio ou critério.

As relações entre os componentes da família parecem mesmo ter sofrido a influência dessa modernidade e de seus mecanismos que induzem à fluidez de nossa sociedade atual, como a internet, os jogos, a presença da tecnologia em tempo real e virtual, a crescente ideia de que tudo pode dependendo da perspectiva individual, levando a uma geração cada vez mais direcionada a desapegar de tudo e esquecer das vozes sólidas e "tradicionais" do passado.

Nesse campo imenso de desafios, resta-nos uma pergunta: você gostaria que seu filho fosse criado e preparado para que finalidade? Nos primeiros anos de vida, ele depende totalmente de você e espera ter tudo o que for necessário e prazeroso para, num *continnum*, simplesmente conseguir objetos e interações que o satisfaçam naquele momento. Nessa fase, a criança somente pensa no *presente* e no *imediato*. Com o passar dos anos, ela começa a perceber que nem tudo que quer terá resposta ou oferta imediata, e a espera e a frustração começam a se tornar regra em seu dia a dia. Quem ou o que operou essa mudança: foi você, que é pai ou mãe, ou foi a "vida como ela é"?

Por proteção e imaturidade, a tendência da criança é se autopreservar e evitar, a todo custo, momentos e contextos que a façam ter medo ou ter de perder seus objetos de desejo. Ela se agarra pelo choro, pelas birras, por formas de persuasão usando sua delicadeza e seus olhares sedutores. Entretanto, os pais decidem se vão se deixar persuadir por essas atitudes ou se tomarão as rédeas da razão. Quantos pais ficam exatamente em cima do muro nessa hora, pestanejam e acabam cedendo? Parecem vítimas de um sem-fim de barganhas e de compensações por sua ausência, ou por sua omissão, ou porque simplesmente falta-lhe bons argumentos.

As relações familiares estão cada vez mais complexas porque os modelos de família estão cada vez mais diversos: pais que vivem juntos, mas quase não se encontram com os filhos; uniões que nem sempre se baseiam na heterossexualidade; pais separados que acabam vivendo em lares diferentes, mas continuam tendo o filho em comum; pais de criação; avó-mãe, avô-pai; tios que assumem a criança, pois a mãe/o pai faleceu por doença ou acidente; filhos adotivos; filhos com dois pais ou duas mães, enfim, independentemente do modelo de família da criança, os cuidadores precisam se dedicar a lhes dar atenção, carinho, afago, orientação, ensinar a respeitar e seguir limites e regras e ensinar a educar de acordo com esse novo panorama de variações que podem fragilizar a condição de filho.

DIFERENÇAS ENTRE AS GERAÇÕES PODEM COMPROMETER A EDUCAÇÃO?

As necessidades das novas gerações têm passado por diversas dinâmicas, e muitas das ferramentas que as tem suprido se utilizam de formatos inalcançáveis às gerações que as antecederam. Saber manejar um jogo, entrar no Facebook, criar meios diversos de comunicação virtual têm agregado poder às crianças e aos adolescentes de hoje. Muitos pais se recolhem e deixam o filho reinar em casa por acharem que ele sabe muito e é muito inteligente por conseguir entrar em ambientes que muitos adultos pouco dominam. Nesse contexto, as escolas e os modelos tradicionais de educação também têm sucumbido por nada apresentarem de novo e atraente a essa geração.

A impressão é de que perdemos o rumo. O amor passou a ser comprado, o tempo parece sempre escasso, a curtição deixou de ser pelo outro e passou a ser eletrônica, as relações perderam a profundidade e estão permanecendo no *ficar* e no âmbito digital.

Nessa panaceia, os pais precisam sentir que ainda podem fazer a diferença na educação de seus filhos e orientá-los a optar por uma vida com maior possibilidade de acertos. Acertar, nesse caso, não é ter razão sempre, mas basear suas ações em fundamentos sólidos e afetivamente seguros, para que, entre tombos e avanços, os resultados possam ser edificantes. Ver seu filho cair, tombar, pode exigir de você o autocontrole para não correr para protegê-lo, mas com certeza pode significar um crescimento muito maior do que se ele sempre conseguir ser favorecido.

Os amigos da internet e os populares da escola costumam oferecer caminhos fáceis, permissivos, vislumbrando quase sempre um horizonte de possibilidades... virtuais. Não obstante, armadilhas também podem ser montadas. O *cyberbullying* é um fenômeno destruidor e de consequências imprevisíveis na vida de um jovem que mal saiu de seu ambiente familiar para o mundo. A superexposição e o escárnio viralizante podem atormentar e selar destinos. Muitos

A IMPRESSÃO É DE QUE PERDEMOS O RUMO. O **AMOR** PASSOU A SER COMPRADO, O **TEMPO** PARECE SEMPRE ESCASSO, A CURTIÇÃO DEIXOU DE SER PELO OUTRO E PASSOU A SER ELETRÔNICA, AS **RELAÇÕES PERDERAM A PROFUNDIDADE** E ESTÃO PERMANECENDO NO FICAR E NO **ÂMBITO DIGITAL**.

pais, ao verem seus filhos nessa condição, ficam simplesmente perdidos e desesperados, como se pudessem ser vítimas de um leite que já derramou e de um copo que já espatifou. Como colar os cacos?

Mais importante que esperar para colar os cacos, porém, é criar um filho pronto para superar essas situações. A família pode ser o caminho mais eficaz para atingir a blindagem que queremos; ela é uma verdadeira e segura instituição cujos componentes, enlaçados pelo afeto e pela história, podem ser uma boa estrutura arquitetada para aguentar as maiores pancadas e os piores desgastes. Com frequência, reiteramos que um amigo pode abandonar uma pessoa, mas seus pais ou cuidadores de sua família **dificilmente** o farão... Diante das adversidades, é mais provável que o círculo familiar responda da melhor forma.

A construção de uma personalidade flexível e resiliente é o sonho de todos nós, criadores de filhos. Resiliência é um termo emprestado da Física e significa manter o formato e um bom funcionamento mesmo em situação de ataque ou de segmentação. Em termos de comportamento, significa a capacidade de manter o equilíbrio emocional, a empatia e as respostas de forma sempre construtivas, socialmente, a situações de grande impacto nas relações com as pessoas e com a imprevisibilidade da vida. Atingir a resiliência é um longo processo no qual se observam, altos e baixos e experiências repletas de percalços, pois ninguém nasce resiliente. O indivíduo resiliente sorri no sofrimento e ajuda quem precisa mesmo que esteja sob inferior condição; transforma revolta em força edificante, media conflitos, espera os resultados pacientemente, cede espaço para pacificar, seleciona o momento para poder falar sem magoar. Podemos avaliar quanto seria desejável conviver com um ser humano assim?

Possivelmente, muitas crianças de hoje podem estar sob perigo de não virem a se tornar indivíduos resilientes, pois a construção pode não se materializar. O envolvimento com tecnologias, as mudanças nas relações familiares, a influência (quando negativa) das redes sociais, o "empoderamento" das crianças em relação aos adultos e o tempo de contato e diálogo cada vez mais exíguo e superficial entre nós têm desmontado os caminhos que levam à resiliência.

Vê-los superar obstáculos e transpassar reveses sociais nos dá orgulho, mas qual a receita?

EDUCAR ESTÁ DIFÍCIL, MAS FACILITAR ESSE PROCESSO É POSSÍVEL E NECESSÁRIO

Quando falamos em educação, logo você pensa: acho que é um processo necessário para transformar um indivíduo imaturo num ser humano correto, honesto, responsável, competente e imune a deslizes, desvios e fracassos, não é mesmo? É a busca da perfeição ou do que seria perfeito para que alguém pudesse ser feliz e satisfeito com os resultados que plantou. Que bom se fosse assim...

COMO SABER DO QUE SEU FILHO REALMENTE PRECISA?

Buscar esse objetivo é deslumbrante e nobre, mas muito difícil e extenuante! Por quê? Porque vivemos numa realidade repleta de opções, altamente complexa de possibilidades desviantes, imprevisíveis e que transbordam ociosidade mental. Se observarmos ao nosso redor, temos vários exemplos nas famílias os quais conhecemos.

Parte dessa realidade nasce conosco e não controlamos. Noutro extremo, temos como direcionar, prevenir e planejar nossa realidade e a de nossos queridos filhos. Nesse contexto, a realidade pode ser "medida" em duas dimensões: a realidade *interna*, genética, individual e personalizada ("colada" em nosso DNA e transmitida por nossos genitores); e a realidade *externa*, a que nos envolve e influencia desde quando somos fecundados, formados dentro do útero de nossas mães e nascemos. Essa realidade externa permeará nossos passos a todo instante e para sempre e é modulada por nossos cuidadores, por nosso nível socioeconômico, pelo perfil de nossa comunidade, pelas características de nossa cultura e também por circunstâncias não controladas que podem acontecer em qualquer momento de nossa vida, como doenças, acidentes e fenômenos da natureza.

Não precisa ser um especialista no assunto para saber que nossa trajetória tem uma tendência maior em resultar em muitos fracassos e que a implementação de princípios educacionais durante toda a infância e a adolescência podem, com maior frequência, não conseguir corresponder ao que esperamos ou às expectativas de nossas próprias crianças. Conhecemos famílias que tinham tudo para "dar certo" e cujas expectativas eram as melhores possíveis, mas acabaram evoluindo para destinos inversos e realidades indesejáveis.

Tentar teorizar ou adivinhar o que pode ter acontecido com uma família que sofreu todas as intempéries que a levaram ao fracasso na educação de seus filhos é muito difícil, pois infinitas são as possibilidades. Em contrapartida, seria mais fácil tratar desse tema partindo do seguinte pressuposto: que tipos de problema podem vir a acometer o seio familiar? Melhor ainda: podemos delinear, neste momento, tudo o que ***não queremos*** para nossos filhos? Observe a lista a seguir.

1. Envolvimento com más companhias;
2. Uso de drogas lícitas e ilícitas;
3. Fracasso na formação ou na participação de grupos sociais;
4. Ausência de opinião própria ou ser excessivamente ingênuo;
5. Tristeza ou constante reclamação em relação a tudo;
6. Abandono das responsabilidades e não saber lidar com conflitos;
7. Vivência precoce de experiências incompatíveis com sua idade;
8. Perda de oportunidades, convites e/ou formações acadêmicas;
9. Exploração da bondade e do trabalho alheio;
10. Frustração de acordo com seus princípios e suas decisões.

COMO SABER DO QUE SEU FILHO REALMENTE PRECISA?

Acreditamos que nos basearmos nessa lista é uma boa forma para iniciar essa conversa: como podemos fazer para educar direcionando nossos filhos a se distanciarem dessa lista indesejável? Num mundo repleto de distrações, essa lista pode ser um bom parâmetro para buscar **o que não queremos**, certo? E, nesse contexto, podemos afirmar, sem dúvida, que é possível conseguirmos educar para o melhor...

Nenhuma criança é igual. Sabemos, porém, que existem comportamentos e formas de manifestação que mais ou menos se repetem nas mais diversas etapas de seu desenvolvimento. Existem padrões que não fogem muito ao que podemos esperar de uma forma imatura de reagir a uma frustração ou a uma negativa decretada por um adulto, como, por exemplo, a birra. A birra é um meio que a criança tem de manifestar sua contrariedade ou de insistir num desejo. Comum entre crianças de 1 a 4 anos, é uma forma inadequada e imatura de tentar demover um adulto de determinada regra ou de conseguir um objeto de desejo. O modo como uma criança se expressa pela birra e as formas que são recomendadas para inibi-la não diferem muito de uma criança para outra. A impressão que temos, portanto, é de que pode existir um modo padronizado ou sistematizado de "tratar" o problema, independentemente do tipo de criança e de seus cuidadores. Uma fórmula salvadora que deu certo!

Saber o que fazer para reduzir comportamentos inadequados e promover na criança meios de reação mais adaptados a um ambiente harmônico pode ajudar a reduzir (e muito) a percepção de que vivemos num mundo com mais desordens de comportamento. Para isso, porém, é essencial que os cuidadores não sejam negligentes, irresponsáveis nem terceirizem suas atribuições na modelagem de seus filhos.

A negligência é uma das principais causas de problemas de comportamento na infância. Ser negligente é deixar de agir diante da progressão de um problema ou deixar de assumir aquele indivíduo que lhe "pertence" e para o qual foi destinado seus cuidados. O negligente nada faz para evitar o pior nem impede a expansão das consequências negativas dos atos de alguém. Crianças são seres vulneráveis e em fase de crescimento e desenvolvimento expostas aos mais diversos contratempos da vida. Elas devem, desde cedo, ser protegidas e direcionadas para contextos com mínimos riscos. Adultos negligentes não têm senso de prevenção tampouco estratégias de proteção. Parecem agir somente depois do leite derramado...

Um exemplo que pode ilustrar a negligência são aqueles pais ou cuidadores que não estabelecem horários para seus filhos. Eles nunca sabem estabelecer a que horas os filhos devem voltar para casa, ir para a cama, sentar-se à mesa para as refeições com sua família. Não perguntam com quem andam nem aonde vão. Se aparecem com um objeto estranho em casa, fica tudo como está e o filho não precisa responder de quem é nem de onde pegou. A repetição dos atos de negligência vai criando um clima de que tudo é permitido e leva o filho a se sentir sempre autorizado a fazer tudo sem sequer perguntar. No dia em que esse cuidador resolve impedir ou questionar, a briga e a grosseria se instalam no relacionamento e passam a ser um modo corriqueiro de convívio.

O cuidador irresponsável é aquele que beira ao excesso quando resolve agir e/ou nada faz ou acrescenta nos momentos em que é chamado para cumprir sua parcela de responsabilidade. Por exemplo, ele pode dar nas mãos da criança a decisão sobre assuntos que não compete a ela decidir, uma vez que ainda é imatura: deixar tomar uma medicação sozinha, permitir que brinque com fogo ou ter acesso fácil a objetos perigosos. Outro exemplo de irresponsabilidade é ignorar que seu filho esteja andando com pessoas em situação de delinquência ou que ele assuma um lugar num grupo social e desista meses depois como fogo de palha. Fazer algo somente enquanto é motivador ou novidade e, com o tempo, desistir e largar na mão aqueles que confiaram em sua camaradagem. Observar isso sem tomar uma atitude representa um ato de enorme irresponsabilidade por parte do cuidador e incentiva o filho a nunca assumir nada que o comprometa com as pessoas.

Terceirizar a educação, situação muitas vezes descritas por educadores, é a soma dos dois motivos que acabamos de descrever. Os cuidadores podem ser, ao mesmo tempo, negligentes ou irresponsáveis ao permitirem que seus filhos fiquem sempre aos cuidados de terceiros, independentemente de serem parentes ou não. Babás, domésticas, avós, tios, padrinhos e até a escola podem representar a entidade que vai efetivamente cuidar da criança. Dependendo do perfil e do vínculo afetivo, estas podem cuidar melhor da criança que os próprios cuidadores, mas, com frequência, isso é mais uma exceção que uma regra, pois entendem que, não sendo seus filhos, estão autorizados a fazer tudo o que querem para não chateá-los ou para evitar que inventem aos pais que foram maltratados. Isso pode gerar uma pobreza de sólidas referências para as crianças, ou melhor, elas podem ficar perdidas entre as diversas referências que têm e, no fim, não ter nenhuma referência!

Uma das bases para tornar menos complicada a arte de educar é permitir que nossos filhos tenham referências que favoreçam a construção de um caminho que os levem a ser bem-sucedidos. Essas referências são buscadas pelas crianças que costumam elegê-las pelo vínculo criado emocionalmente durante o convívio que desenvolve em sua casa, na escola, nas mais diversas atividades sociais. A partir de laços emocionais, ela vai construindo com essas referências modelos de como agir, como se sentir e como reagir. Aos poucos, vai selecionando aqueles modelos mais compatíveis com sua personalidade em construção e se aproximando mais daqueles que mais se repetem e influenciam sua trajetória de vida.

No seio familiar, é muito comum observarmos, entre os filhos, aqueles que, desde muito pequenos, mais parecem com o pai ou aqueles que mais parecem com a mãe física e emocionalmente e nas formas de resolver as mais diversas situações do cotidiano. Outros lembram o avô ou aquele tio... Mas, no final, o que permanece é aquela referência que mais marcou e de fato moldou sua personalidade. O tempo de interação e a intensidade da presença foram decisivos.

Tempo? Intensidade? Como medi-los? Ou melhor, precisam ser medidos? Logicamente que não... Mas numa família em que a dinâmica é errática, pontuada de negligência e irresponsabilidade, com certeza trarão desestabilidade e distanciamento. Nenhum alicerce sólido poderá surgir de uma família que, independentemente de seus componentes, resolveu nada fazer e não se propôs a ser referência para a criança.

Nunca vamos nos esquecer de uma criança de 7 anos, que atendíamos no consultório, trazida pelos pais que viviam em uma relação homoafetiva e a adotaram quando tinha 3 anos. Eles relataram que desde a adoção perceberam que ela era extremamente agitada e opositora. A escola vinha reiteradamente se queixando de suas ações e seu comportamento em relação aos demais alunos e às autoridades da instituição e, em conversa reservada, revelaram que suspeitavam que a causa de tudo poderia ser sua criação num contexto homossexual. Os pais, por sua vez, estavam perdidos. Não sabiam para onde mirar na condução da criança e todas as tentativas resultaram em fracasso. O fato principal, por nós observado, era que, na realidade, estavam despreparados para se tornarem referência para essa criança e para aquele tipo de perfil de comportamento dela e precisavam urgentemente de orientação. Em contato com a escola, orientamos deixar de lado a homossexualidade do casal (que na ocasião parecia ser mais um preconceito gerado pela escola) e direcionar as ações para como corrigir seus comportamentos, injetando confiança no casal e em seu poder de se tornar referência para essa criança com um plano de ações. Além disso, recomendamos psicoterapia. Em alguns meses, vimos uma enorme evolução com resultados animadores para todos.

Já que estamos falando de referências, a escola tem um papel fundamental. Afinal, nesse contexto, para que serve a escola? Como instituição, tem sob sua responsabilidade oferecer à criança a oportunidade de transformar sua *capacidade* em *habilidades*. Por meio de um ambiente e de uma estrutura com princípios seculares e propostas específicas, a escola tem, junto à família, o papel de contribuir para o crescimento acadêmico e social do jovem. Pode também exercer, em muitos momentos, papel decisivo em seu comportamento e influenciar suas ações – para o bem ou para o mal. Outrossim, é um modelo de sociedade e um *preview* do que o jovem vai encarar quando for adulto. Por ser um espaço social *sem a presença de seus cuidadores principais*, serve também para observarmos como a criança ou o adolescente vão se comportar com seus pares de mesma idade e com figuras de autoridade, livres dos olhares de suas referências mais íntimas.

O ritmo de sua aprendizagem, seu comportamento social e emocional, a forma como reage e se acomoda às situações na escola podem revelar muito sobre como esse jovem é e será. Além disso, pode revelar muito sobre sua dinâmica familiar e de como foi e tem sido educado; quais são suas referências mais fortes; que hábitos costuma ter; e, por fim, se vive num ambiente doméstico de cuidado ou de negligência. Esses sinais podem ser valiosos para quem avalia comportamentos e para a própria família, a qual pode vir a descobrir, por meio da escola, determinadas situações ou problemas na criança pelo que ela faz ou como se comporta na escola. Nesses anos todos de atendimento clínico, presenciamos centenas de pais revelarem que, somente depois que o filho entrou para a escola, descobriram que tinha comportamentos preocupantes que outrora, em casa, não chamava a atenção ou não tiveram tempo suficiente para observar melhor.

Naquele momento, a escola serviu como um meio de revelação que trazia elementos sólidos para alertar os pais a tomarem medidas para corrigir alguns aspectos da educação do jovem. Muitos desses pais agradeciam a existência da escola como parceira indispensável!

Os professores convivem há anos com muitos jovens ao seu redor nas salas de aula e nos intervalos. Apresentam, assim, uma ampla experiência, consolidada, de observação de comportamentos. Ao se depararem com alguém ou com algo que destoa dos demais e de um convívio harmônico no meio escolar, saltam facilmente aos seus olhos sinais de que essa ou aquela criança podem precisar de ajuda e de que seus cuidadores devem tomar alguma providência. Vários artigos científicos têm demonstrado que o olhar afiado do professor tem capacidade superior ao dos pais para identificar sinais de que algo não vai bem no comportamento de uma criança ou de um adolescente e que muitos transtornos comportamentais ou de desenvolvimento somente são identificados com base no que o professor viu ou ouviu.

O ambiente escolar pode nos trazer exemplos dos mais diversos de como uma sociedade funciona e ser modelo em tempo real para preparar nosso filho para o futuro. Lá existem leis e regras inflexíveis, autoridades que frequentemente impõem sem discutir, que determinam horários e programações que podemos até questionar, porém sem poder de voto; naquele espaço, não podemos falar qualquer coisa, nosso vocabulário deve seguir algumas etiquetas sociais e nosso vestuário, uniformizado; regras de convívio exigem determinadas posturas e a utilização de alguns tipos de materiais e aparelhos é controlada. Enfim, é um contexto que vai ao encontro de convenções da comunidade a qual espera que, inclusive, a escola se mantenha nessa aura de instituição que cria e rege exemplos a serem seguidos de acordo com a ética e a moral vigentes para consenso de todos.

Muitos pais se pautam pelas práticas empreendidas pela escola para direcionar seus filhos. Seguem princípios e tentam buscar ações embasados no que assistem na rotina escolar. Alguns pais percebem que se seu filho consegue lidar com as frustrações e os conflitos da escola por que não conseguiria em casa em contato com problemas de família? A escola preza pela aprendizagem acadêmica, mas pode também promover outros tipos de aprendizagem, como a social e a institucional. Se onde a afetividade é menor é possível vê-los encarando aquela realidade, imagine em casa onde as relações são mais próximas?

Infelizmente, não é bem assim... A escola muitas vezes apenas recebe a criança em fase de maturação e de construção de sua personalidade, mas existem determinadas habilidades que somente serão solidamente construídas em casa, no seio de uma família.

Tem relações que a escola não consegue superar tampouco preencher, assim como existem desafios na escola que somente serão bem absorvidas pela criança se ela se encontrar bem resolvida consigo mesma e com suas principais referências.

Os cuidadores não podem viver a ilusão de que a escola, o serviço militar e a polícia darão conta de resolver o que faltou na educação de seu filho. Deixá-lo à mercê de figuras de autoridade fora de casa é, antes de tudo, uma negligência, um ato de irresponsabilidade e uma aberrante terceirização! Essas figuras servem para correções de rumo, e não para asfaltar, consolidar ou blindar a personalidade de seu filho com princípios que deveriam ser ensinados pouco a pouco, diariamente, na interação afetiva com seus pais ou cuidadores de berço.

A consequência natural da ausência ou da parcialidade de um processo educacional é sua perda ou seu esfacelamento na primeira dificuldade que o jovem enfrentar. Sem um bom alicerce, qualquer vento ou chuva fragmentará e derreterá sua integridade e exporá suas fraquezas aos vários inimigos de sua caminhada: más companhias, drogas, curiosidade excessiva sem filtro, busca do prazer sem critérios, volatilidade, sentimento de menos-valia, enfim, uma rede de possibilidades de dar tudo errado! Resultado: nossa **realidade externa** passará por cima de tudo e deixará nosso jovem exposto ao que **não queremos** para ele, pois não foram trabalhados nem disponibilizados recursos internos para que pudesse transitar por esse meio de forma segura e íntegra.

COMO PODEMOS DEFINIR RECURSOS INTERNOS?

Recursos internos podem ser definidos como habilidades, conhecimento, interesses e experiências consolidadas de vida que dão para as pessoas energia e força. São utilizados por nós para superar situações difíceis, evitar deslizes, superar conflitos e tomar decisões. Eles são desenvolvidos desde a infância e podem tomar proporções compatíveis com a idade ou ser superiores ou inferiores. Esses recursos se ampliarão ou serão inferiores dependendo de nossas experiências ou de como fomos ensinados.

Se vivermos sempre numa realidade privilegiada, acomodados ou em contexto de superproteção, teremos como resultado recursos internos insuficientes ou empobrecidos. Na primeira dificuldade, sucumbimos! Entretanto, com experiências enriquecedoras, cuidadores conscientes de seu papel e que permitam à criança aprender com suas experiências (que levem ora ao fracasso ora ao sucesso) num ambiente de tolerância quando houver dificuldades, ela vai superar sem grandes contratempos. Saberá sair melhor desse ou daquele revés e poderá reunir novos recursos internos para superar novos conflitos ou desafios.

O desenvolvimento de recursos internos tem direta relação com dois fatores que se apresentam coadunados e intercalados: o nível de maturidade da criança e o perfil do cuidador da criança. Quanto mais nova a criança, menos recursos internos, pois sabidamente ainda não adquiriu maturação cerebral nem experiências suficientes para aguentar todas as vicissitudes de nossa sociedade. Seu crescimento e a idade cada vez maior vão proporcionar a preparação da estrutura cerebral para as experiências que virão. Essa maturidade não depende tanto dos cuidadores: ela decorre da programação genética a qual está formulada em nosso DNA que herdamos de nossos progenitores ou pais biológicos.

Muitos pais querem que seus filhos tenham, desde muito pequenos, a maturidade que, por natureza, ainda lhes falta. Seguir regras e rotinas de forma autônoma e automática ainda é um desafio para as crianças menores de 5 anos. Nessa faixa etária, ainda necessitam de muito "treino", insistência e motivação positiva — além de um ambiente organizado —, para que possam adquirir essa habilidade. No consultório, deparamo-nos com famílias que esperam que seus pequenos arrumem os espaços da casa como se fossem adultos, à base de ameaças e uso de persuasão física, associando o **ato de organizar** com o medo de apanhar...

Muitas crianças, desde bebês, aparentam ter um temperamento mais difícil e arredio. Você, leitor, já deve ter se deparado com amigos e casais comentando as diferenças entre os próprios filhos. Uns são mais calmos, compreendem mais as rotinas e obedecem naturalmente. Outros, sob o mesmo teto, expressam comportamento inverso sem terem sido suficientemente expostos à influência do ambiente de sua casa. Essa diferença ocorre devido à identidade conferida pelos aspectos genéticos de cada um, "customizados", carimbados, reproduzidos automaticamente pela herança que recebemos de nossos pais biológicos.

E as crianças adotivas? Não raramente, vemos pais adotivos correrem para os consultórios clínicos desesperados, pois a criança que adotaram apresenta desde tenra idade problemas de sono, irritabilidade e atrasos de desenvolvimento. Então, esses pais buscam entender o motivo e como conduzir, como restabelecer o equilíbrio. Pois bem, essas crianças carregam aquela identidade à qual me referi, que é herdada geneticamente e deve ser trabalhada e lapidada por seu novo ambiente e seus novos cuidadores.

O perfil do cuidador influencia esses recursos por meio de modelo e exemplo visualizados e vivificados pela criança no convívio com este. Michael Posner — um dos pesquisadores que mais tratam desse assunto e que escreveu vasta literatura nos anos 1990 sobre o desenvolvimento da autorregulação emocional — descreve que cuidadores tolerantes, não agressivos, reagem de forma construtiva às frustrações e sabem se revelar envergonhados quando erram, sabem se desculpar e rever suas ações, ensinam seus filhos a transformarem *conflitos* em *consensos* desde muito pequenos e tendem a desenvolver neles um perfil similar. Entretanto, cuidadores explosivos, agressivos, impositivos, que reagem negativamente aos reveses da vida e não sabem reconhecer seus erros e suas imperfeições, têm grande possibilidade de virem a ter filhos assim. Esses mesmos filhos passarão boa parte de sua vida acusando esses pais de que suas atitudes de hoje foram aprendidas e passarão a impressão de que seus erros são e serão sempre justificáveis.

Portanto, a influência do cuidador pode ser decisiva para a futura personalidade das crianças, e essas ações podem, para o bem ou para o mal, resultar no tipo de filho que gostaríamos de ver amadurecer para a vida adulta. Então, ele será aquele que queremos ou aquele que se inclui em alguns dos dez perfis que não desejamos?

A resposta para essa indagação reside em tentarmos entender como podemos ajudar os pais e cuidadores nesse processo. O caminho é tentarmos centralizar os esforços e as orientações na relação entre o cuidador e a criança, pois as variáveis e os problemas do mundo sempre existirão. Nossa experiência tem mostrado que o fortalecimento do núcleo familiar leva a maiores possibilidades de sucesso, satisfação e qualidade de vida.

CAPÍTULO 3

ENTÃO, COMO **EDUCAR** OS FILHOS?

Em muitas palestras que damos pelo país, uma das coisas que mais escutamos são os problemas comportamentais que as crianças estão apresentando hoje, como esses problemas estão influenciando as famílias e como estas ficam cada vez mais confusas sobre como agir.

Nesse contexto, há também as escolas, um espaço onde cada vez mais os problemas comportamentais das crianças e dos adolescentes ficam evidenciados, visto que é um lugar em que se expressam os valores, as condutas, as atitudes, enfim todo o relacionamento social estará exposto, assim como foi o processo educacional e sua formação.

Eu costumo brincar que a escola é como se fosse a ponta de um iceberg: tudo o que é demonstrado ali é parte de algo que não vemos, é todo o processo educacional, incluindo relacionamento e afetividade, uma série de aspectos que nem imaginamos, mas que estão lá; é na escola que esses aspectos aflorarão e evidenciarão todo o funcionamento da criança e, mais que isso, o funcionamento da família.

Temos vários exemplos que podem ilustrar isso, como a fatídica reunião de pais que é realizada na escola. É muito comum nessas reuniões, para as quais são chamados todos os pais e mães ou os responsáveis pelo aluno, aparecerem os pais cujos filhos apresentam menos problemas, seja de aprendizagem, seja de comportamento. É comum vermos que os pais, que verdadeiramente precisariam estar lá, daqueles alunos que estão passando por algum problema ou dificuldade não aparecerem...

Assim, reflete-se cada vez mais a dinâmica comportamental familiar na escola, mas o que fazer?

Sabemos quão complexas são essas relações e que não existe fórmula mágica, ou um manual de instruções... isso porque o processo de formação biopsicossocial de uma criança é algo complexo, extremamente complicado e com muitas variáveis, isto é, recebe muitas influências ambientais.

O que fazer então? Como auxiliar pais e educadores num processo de educação que, de fato, faça a diferença e possibilite um processo de estruturação integral do sujeito? Será que existem aspectos que podem ser trabalhados e estimulados de acordo com o desenvolvimento da criança? Qual o caminho a ser percorrido?

SE VIVERMOS SEMPRE NUMA **REALIDADE PRIVILEGIADA**, ACOMODADOS OU EM CONTEXTO DE SUPERPROTEÇÃO, TEREMOS COMO RESULTADO **RECURSOS INTERNOS INSUFICIENTES** OU EMPOBRECIDOS. NA PRIMEIRA **DIFICULDADE**, SUCUMBIMOS!

COMO SABER DO QUE SEU FILHO REALMENTE PRECISA?

Este é um desejo que sempre vem à tona: encontrar um manual ou um guia que possa orientar os pais e os educadores sobre como agir para auxiliar adequadamente na formação desse sujeito.... Bem, sobre isso temos uma boa e uma má notícia...

Começaremos pela má. Sabemos que não existem receitas para esse tipo de ação; infelizmente, não é possível fazer um passo a passo, como numa receita de bolo, que se você seguir certamente chegará a um resultado positivo. Mesmo porque até as receitas de bolo podem dar errado ainda que o passo a passo seja seguido... Imagine, então, situações em um universo infantil e familiar, que é bem mais complexo.

Contudo, precisamos nos perguntar: será que não haveriam pontos a serem trabalhados na dinâmica familiar que pudessem ser estimulados, desenvolvidos, trabalhados?

Pensando nisso, criamos uma metodologia de educação que privilegia a aprendizagem de habilidades que auxiliam e privilegiam conceitos fundamentais para o desenvolvimento dos Sete Pilares da Educação Emocional, que consideramos fundamentais no processo educacional de uma criança.

O termo *pilar* não foi escolhido à toa. **Pilares** são estruturas que ajudam a alicerçar construções, dando-lhes bases sólidas para que sejam duráveis e cada vez mais resistentes, independentemente das mudanças ambientais. Podem vir chuva, calor, frio e vento que uma construção com bons alicerces não mudará: sua estrutura permanecerá intacta. Isso também deve acontecer com nossos filhos. Independentemente da circunstância, se trabalharmos com bons princípios que sejam acima de tudo palpáveis, tangíveis em qualquer realidade, com certeza conseguiremos criar pessoas que vão fazer a diferença neste mundo, pessoas seguras, capazes, empáticas, sensíveis, enfim, pessoas equilibradas.

Isso porque esses pilares podem ser considerados estruturantes para o desenvolvimento de muitas competências que vão influenciar toda a vida da criança, passando pela adolescência e chegando à vida adulta.

Outra coisa importante é que esses pilares não estão isolados no desenvolvimento emocional e cognitivo da criança; eles estão sempre andando juntos e de maneira dinâmica, influenciando-se mutuamente, embora possamos definir esses aspectos separadamente.

Você deve estar se perguntando: quais pilares seriam esses? Será que eu conseguiria desenvolvê-los com meu filho? Então, prepare-se, pois eles são mais simples do que você pode imaginar. São pequenos passos que, se bem trabalhados com as crianças em seu desenvolvimento, farão toda a diferença na educação delas. Vamos lá.

CAPÍTULO 4

PILAR 1:
EDUCAR PARA AS
FRUSTRAÇÕES

"TUDO QUE EU NÃO TIVE
VOU DAR PARA MEU FILHO."

A frase que abre este capítulo é muito comum, não é mesmo? Quantos pais e mães falam isso sempre com o propósito de diminuir os sofrimentos e, sobretudo, minimizar as frustrações? No entanto, já parou para pensar que se você é o que é hoje se deve mais a suas frustrações e suas dificuldades que às facilidades que a vida oferece... Sim, é a exposição aos problemas que faz com que possamos aprender a lidar com fatos inesperados. E o que é frustração?

A frustração acontece quando temos expectativas, planos e ideias que queremos que aconteçam e, por algum motivo, acabam não ocorrendo, não sendo realizadas. Elas geram uma série de emoções negativas, e essas emoções incontroláveis nos fazem ter sentimentos como tristeza, raiva, decepção, manifestando assim um desencantamento, um desgosto, um sentimento de incapacidade.

Quando temos esses sentimentos que nos causam sofrimento, muitas vezes eles nos paralisam não permitindo que possamos analisar e entender a situação. Em uma explicação neurocientífica, podemos afirmar que essas emoções e esses sentimentos para as crianças têm um peso muito maior, pois muitas vezes por estarem numa fase mais egocêntrica, em que acham que tudo acontece por causa delas, não conseguem perceber que existem situações que não podemos controlar.

Um exemplo muito corriqueiro é quando o pai ou a mãe marca, na segunda-feira, um passeio na pracinha para o sábado. O filho então faz planos: o que vão fazer juntos, como eles vão, o que vão levar etc. Então, chega o grande dia e na hora que acordam no sábado percebem um tempo instável e logo começa a chover, o que leva o plano por água abaixo... Pronto, está feita a confusão... E agora? Como lidar com essa situação?

Situações como essa são comuns e fazem parte do cotidiano das pessoas. Quem nunca passou por uma situação inesperada em que seus planos não deram certo e foram frustrados? E qual a sensação que dá? Raiva, tristeza, insegurança, medo?

E por que isso acontece? Porque não conseguimos controlar esse sentimento? Porque raiva, tristeza e decepção são sentimentos que têm sua origem cerebral em estruturas subcorticais, isto é, estruturas que não conseguimos controlar ou suprimir, elas estão lá e precisam ser trabalhadas. Isso mesmo, quando nos frustramos criamos sentimentos e sensações ruins que precisam ser entendidos e mediados, e é aí que se encontram diversos problemas que confundem muito os pais. "Como assim? Então, eu tenho de deixar meu filho sofrer?". Calma, vamos explicar.

Muitos pais, na ânsia de auxiliar na educação dos filhos, pensam que, para se desenvolverem bem, as crianças necessitam vivenciar apenas situações que as deixem felizes, situações prazerosas que possibilitem um desenvolvimento tranquilo e pautado no mínimo de oscilações ambientais, no intuito de garantir segurança para elas.

Ora, ao pensarmos assim estamos nos distanciando e muito da realidade que nos circunda, do que vivemos diariamente, até porque no mundo não existem certezas plenas, não se pode garantir que as mudanças aconteçam independentemente de nossa vontade. Nossa vontade é algo muito subjetivo e pode estar sujeita a imprevistos, e saber lidar com imprevistos é algo que deve ser ensinado, estimulado desde a infância.

Podemos então contar a história de Sidarta Gautama, considerado o fundador do Budismo há mais de 2.600 anos. A história dele ilustra muito bem a ânsia de cuidado e proteção de um pai e o que isso pode influenciar no desenvolvimento de um filho.

Segundo a história, Sidarta perdeu sua mãe quando tinha 6 dias de vida. Seu pai, um homem muito rico e de linhagem nobre e real, fez com que o filho vivesse uma vida de luxo e prazeres, afastando-o de todos os problemas e criando-o em um universo particular, livre de sofrimento. Um dia, porém, Sidarta saiu do palácio e teve contato com a miséria, a doença e a morte, situações que muitas vezes não é possível controlar. Assim, ele entrou em uma crise existencial, largou tudo e foi viver uma vida muito simples, desprovida de bens materiais, totalmente dependente do meio, ou seja, se tivesse comida se alimentava, caso contrário, não; mesmo assim, o sentimento de vazio o inundou novamente, mostrando que as privações também não o auxiliavam na construção de seu ser. Depois de muito pensar, viu que a verdadeira forma de se desenvolver seria por meio do equilíbrio, passando tanto por situações prazerosas como por situações dolorosas.

Quando expomos nossos filhos a situações em que seu desejo é distante do que é possível, estamos fazendo-os lidar com a vida, nua e crua… como deve ser vista e vivida!

Falar "não" é necessário e importante. Ao falar "não", estamos fazendo nossos filhos lidarem com limites, os quais são definidos pela sociedade!

Como hoje os pais estão cada vez mais ocupados, a tentação de deixar os filhos fazerem tudo o que querem chega a ser sedutora. Isso acontece porque a maioria dos pais se sente culpada por passar pouco tempo com os filhos, e então julga que é mais importante deixar os filhos felizes (e, de certa forma, acabar com a própria culpa).

Crianças que têm todos os seus desejos atendidos não sabem lidar com perdas, tristezas e, consequentemente, frustrações; são crianças mais inseguras e com dificuldades de adaptação ambiental.

Ninguém está falando aqui que devemos trabalhar somente com a frustração, mas devemos, sim, saber que ela existe e que a melhor coisa a fazer nesse caso é sentir essa frustração e falar sobre ela.

Vamos voltar ao exemplo do início deste capítulo, em que os pais combinaram um passeio e por um problema climático o passeio não pode ser feito. A criança entrou numa crise e começou a chorar muito, pois queria, esperava, desejava, mas isso não foi possível por questões totalmente inerentes. O que fazer nesse caso?

Primeiro, deixe a criança expressar todo seu estado de espírito, ficar brava, triste, e se ela chorar deixe que isso aconteça. Como assim, deixar chorar?

Sim, é muito importante deixar a criança expor seu sentimento, sua tristeza, sua insatisfação. Costumamos ouvir pais em situações como essa proibirem a criança de chorar, com frases do tipo "Engole o choro!". Isso é muito ruim, pois ela precisa expressar sua tristeza, e os pais precisam nessa hora acolher a tristeza e a raiva, simplesmente acolher... Escutar o choro de seu filho pode não ser prazeroso, ninguém gosta de ouvir, mas é necessário levar em consideração que só demonstramos esse tipo de sentimento a quem nos ama. Sobretudo nos relacionamentos familiares, suportar a tristeza do outro e estar ali para apoiar significa demonstrar amor verdadeiro!

Se a criança demonstrar sua frustração agindo agressivamente ou de maneira muito incisiva, é importante que os pais a contenham, mostrem que essa atitude não levará a nada, falem que entendem e aceitam aquele sentimento.

Isso mesmo, mais que passar pelo processo de frustração é FUNDAMENTAL que a criança fale sobre ela, verbalizando o que a deixou triste. Outro ponto é explorar se havia formas de essa frustração ser evitada ou diminuída e o que podemos aprender com toda essa situação.

Quando levamos a discussão para esse patamar — e não subestime seu filho, pois crianças desde muito pequenas podem ser estimuladas a fazerem essa reflexão —, estamos pegando um sentimento e falando sobre ele. Ao fazer isso, trazemos nossos sistemas subcorticais — as emoções — ao córtex, região de nosso consciente que nos faz pensar, analisar para entender o que estamos fazendo, o como e o porquê. Esse processo de mediação feito pelos pais é de fundamental importância, pois é a partir dele que a criança vai se estruturando e entendendo a dinâmica e incorporando isso à sua vida.

No exemplo da criança que ficou frustrada por não poder ir ao parque, o que fazer? Primeiramente, mostre que o passeio não poderá ser realizado, que os pais também estão tristes pois queriam muito e esperaram bastante aquele dia, porém existem algumas situações sobre as quais não temos controle, e o tempo é uma delas. Escute o que seu filho tem a dizer e procure uma solução para a nova situação que não estava nos planos.

Até aqui demos o exemplo de uma situação que não está em nossos planos, casos em que não se tem controle, algo inesperado. No entanto, e aquelas que estão sob nosso controle? Aquelas situações que acontecem diariamente, quando estamos com nossos filhos e eles nos pedem algo, têm um desejo, seja ele material ou não... um brinquedo de um personagem da moda ou querem ir na casa de um amigo. Não são raros esses acontecimentos, e, diante disso, o posicionamento da família e, principalmente, a concordância dela são muito importantes. Não é possível ter tudo o que se quer, nem fazer tudo o que se quer. Quando uma criança cresce sem essa ideia da realidade cria o que chamamos de realidade artificial, e, como sabemos, tudo o que é artificial não se mantém, pois o mundo em que vivemos não é nada benevolente, muitas vezes até nos coloca em situações de conflito nas quais nossas vontades não são satisfeitas. Vivenciando suas frustrações as crianças crescem mais humanas e equilibradas.

Vamos entender melhor sobre isso.

COMO SABER DO QUE SEU FILHO REALMENTE PRECISA?

Quando se dá a oportunidade a uma criança de se frustrar, isso é uma oportunidade ímpar de desenvolvimento, pois ao permitir que ela vivencie essa frustração desde o começo, passando pelo meio e chegando ao fim, estamos acreditando no potencial dela e apostando que ela conseguirá, apesar da tristeza, da raiva e da decepção, superar esses desafios.

Quando um pai, uma mãe ou um familiar simplesmente satisfaz o desejo e evita a frustração, está dando um recado que muitas vezes é entendido pela criança assim: "deixa eu te ajudar, você é fraco, não dá conta de lidar com problemas". E o que esse tipo de pensamento gera na criança? Um sentimento de baixa autoestima. Com certeza, uma criança insegura, pois se nem os pais enxergam sua capacidade para lidar com problemas, o que será dela então?

Quantos de nós não conhecemos adultos totalmente insatisfeitos que, por mais que tenham tudo, parecem não ter o essencial: paz e alegria? Na verdade, a capacidade de olhar para a vida como um desafio a ser vencido dia a dia, no qual inevitavelmente caímos, mas acima de tudo temos força para levantar e procurar soluções, só é construída se esse adulto tiver passado, quando criança, por situações que o exercitassem a isso de modo construtivo, propiciando-lhe flexibilidade emocional, algo que vai estruturá-la e será um fator importante na construção de sua personalidade e no relacionamento com outras pessoas.

RESILIÊNCIA

Atualmente, muitas pesquisas têm demonstrado que a frustração é o meio que auxilia e muito o aprimoramento de uma habilidade fundamental para o desenvolvimento da flexibilidade e da personalidade dos seres humanos: a resiliência.

Resiliência, como já mencionado anteriormente, é um termo da Física que trata da propriedade que alguns corpos apresentam de retornar à forma original depois de terem sido expostos a uma deformação ou a uma situação de estresse, o que nos remete então à flexibilidade dos materiais. Esse conceito tem sido muito utilizado pela Psicologia para avaliar a capacidade que as pessoas têm de – ao serem expostas a problemas, conflitos e frustrações – conseguir se manter bem e como lidam com essas situações. Um ponto muito importante é que a resiliência não é genética, ela pode e deve ser estimulada, e isso deve acontecer com as crianças, já desde pequenas, segundo especialistas do Center on the Developing Child da Universidade de Harvard.[1]

Segundo esses pesquisadores, as crianças desenvolvem a resiliência por meio de um relacionamento estável e comprometido com o pai ou a mãe, o cuidador ou o adulto responsável por ela. Por meio desses relacionamentos, são formadas estruturas na personalidade dela; além disso, a resiliência possibilita também criar capacidades

---

1 Disponível em: <http://labedu.org.br/o-que-ajuda-as-criancas-a-ter-resistencia--emocional-para-lidar-com-situacoes-dificeis/>. Acesso em: 21 dez. 2017.

importantes, como a de planejar, monitorar e regular o comportamento, que permite que a criança responda de maneira adaptativa às adversidades e tenha sucesso. Essa combinação pautada no relacionamento e no apoio, que proporciona o desenvolvimento de habilidades adaptativas e experiências positivas, é o fundamento da resiliência, pois permite um desenvolvimento mental equilibrado e propicia que esse futuro adulto seja capaz de lidar com seus problemas de modo construtivo.

Então, quando os pais poupam a criança de sofrimentos, frustrações ou problema, ela acaba não exercitando essa capacidade diante de situações-problema, podendo tomar dois posicionamentos:

- Torna-se agressiva, enfrentando a situação de maneira não racional e sofrendo.
- Permanece passiva diante de uma situação, para não ter de se posicionar, porque não sabe como fazer isso.

Assim, a pergunta que não quer calar é: "Como podemos fazer do sofrimento algo que nos traga aprendizado?". Podemos fazer isso em determinados ângulos. Vamos aprender sobre eles.

Primeiro, quando temos um problema, a primeira coisa a fazer é avaliar a responsabilidade que temos em relação à situação. Muitas vezes, podemos até não ter responsabilidade sobre ela, como no exemplo do passeio de sábado que foi atrapalhado pela chuva. A criança pode ficar triste e até chorar, mas agredir outras pessoas não vai mudar a situação. No caso de crianças muito pequenas, elas podem não entender esse sentimento e por isso é muito, muito importante nesse momento dar nome ao que se está sentindo para que ela comece a identificar esse sentimento, de modo que possamos trabalhar com ele, orientando a criança sobre formas mais adequadas e construtivas de expressá-lo. Saber nomear o que sentimos faz toda a diferença para que possamos nos entender futuramente como adultos.

E mais que nomear, como trabalhar com esses sentimentos e essas emoções na próxima vez em que a situação se repetir? A própria criança vai perceber: "Poxa, que chato, vou chorar, mas isso não vai mudar a situação, vou ficar nervosa e isso vai me levar a quê?". Assim, a criança chegará à conclusão de que existem formas de lidar com a frustração, que ela existe, sim, mas que essas coisas acontecem. A partir disso, ela pode elaborar uma alternativa diferente, procurando, por exemplo, um tipo de brincadeira que ela pode fazer. Sabemos que não é fácil levar a criança até esse ponto, mas é fundamental para seu processo evolutivo como ser humano.

Assim, quando lá no início falamos que o que somos deve-se mais às coisas que não temos do que às que temos, tem a ver justamente com isso: o modo como buscamos estratégias para viver e como elas nos colocam em ação para que criemos estruturas para viver. Tristezas e problemas sempre vão existir... a diferença está em como lidamos com isso.

CAPÍTULO 5

PILAR 2: EDUCAR PARA AS DECISÕES

MESMO QUANDO TUDO PARECE DESABAR, CABE A MIM DECIDIR ENTRE RIR OU CHORAR, IR OU FICAR, DESISTIR OU LUTAR; PORQUE DESCOBRI, NO CAMINHO INCERTO DA VIDA, QUE O MAIS IMPORTANTE É O DECIDIR."

CORA CORALINA

Nossa vida é repleta de decisões e é por meio delas que vamos influenciando e sendo influenciados pelo meio. As decisões estão presentes desde quando somos muito pequenos, e sua dinâmica auxilia nosso desenvolvimento psicossocial em um processo ágil e dialético, uma vez que essas escolhas exercem influências positivas ou negativas e nos auxiliam na formação de muitos aspectos, entre eles a autonomia. Isso ocorre porque o processo de decisão é algo que vai se estruturando em todo o desenvolvimento, passando pela infância até a fase adulta, e o mais interessante é que as decisões são adaptadas a cada etapa da vida e de acordo com nossa realidade. Mas como isso ocorre?

Quando somos crianças, nossas decisões acabam sendo aquelas de nosso dia a dia, quase sempre ligadas às questões de bem-estar e satisfação ou não de algum desejo, como decidir que roupa usar, qual atividade fazer, escolher um brinquedo... O exercício da decisão desde pequeno faz com que a criança comece a lidar desde cedo com aspectos fundamentais. Aqui vamos analisar parte por parte dessa habilidade que precisa ser bem estimulada em nossos pequenos. Vamos lá!

UM EXERCÍCIO DE ESCOLHA

Sempre que decidimos, fazemos um exercício de escolha, e isso nos obriga a um exercício fundamental, que é o de pensar. Quando vamos decidir algo, estamos optando por uma coisa ou uma situação; ao fazermos isso, exercitamos nossa capacidade de analisar uma situação. Contudo, não pense que isso é algo fácil, pois exige maturidade e, sobretudo, mediação de um adulto no caso de uma criança, visto que essa mediação por vezes deve ser ponderada. Imagine uma situação em que uma criança de 4 anos precisa decidir; ela não poderá decidir sobre aspectos complexos, como em que escola vai estudar ou se determinada atividade ou brinquedo é bom para seu bem-estar, pois essas decisões exigem capacidades cognitivas que as crianças ainda não têm, não apresentam, e por esse motivo os adultos devem decidir por ela e explicar o porquê de sua decisão, que pode ser contestada mas, acima de tudo, deve ser aceita, pois presume-se que esse adulto deve ser responsável por esse ser em desenvolvimento: a criança! Essas decisões acabam por primar sempre pelo bem-estar integral desse serzinho que está sob responsabilidade dos adultos.

Entretanto, o que vemos nos dias de hoje são decisões que deveriam ser tomadas pelos pais sendo tomadas pelas próprias crianças. Além de perigoso, isso é preocupante, pois o processo de decisão tem como correspondente o processo de responsabilidade, essas duas coisas andam juntas: toda ação leva a uma reação. Não é raro ouvirmos histórias de crianças que decidem se vão ou não tomar um remédio, fazer a lição na hora determinada ou até não fazer uma viagem ou um passeio porque não querem! O mais preocupante é que os pais aceitam e permitem isso, deixando a última palavra para quem não tem noção nem maturidade! Afinal, são os adultos que deveriam conduzir a criança e decidir quando ela ainda nem apresenta capacidade cognitiva para isso... Isso mesmo, o sistema neurológico responsável pelos processos de decisão, o córtex frontal, só está totalmente amadurecido por volta dos 18 anos. Então, não é por acaso que a responsabilidade cível e criminal começa a contar a partir dos 18 anos.

Assim, nesse contexto, é muito importante que as crianças vivenciem o processo de decisão, mas sempre de acordo com seu nível de maturidade, para que haja um exercício constante de como decidir. Um bom exemplo é a decisão de qual brinquedo levará para a escola no "dia do brinquedo", ou qual sabor de bolo gostaria de comer; essas escolhas precisam ser mediadas por pais e cuidadores a fim de estimular o processo de decisão que parte da escolha, passa pela vivência e pelo resultado dessa escolha.

Quando bem mediado, o processo de decisão estimula as crianças a fazerem um exercício de reflexão, de pensar para decidir, levando em conta os pontos positivos ou negativos da escolha e quais as consequências dela. Para exemplificar essa questão, temos o exemplo bem interessante do Experimento Marshmallow, que foi uma série de estudos norte-americanos feitos na década de 1960 até o início de 1970 na Universidade de Stanford. Essa pesquisa procurou entender como as crianças poderiam esperar por suas recompensas. Nos estudos era oferecido um marshmallow para a criança de aproximadamente 5 anos, mas o pesquisador avisava que, se a criança não comesse o doce até ele retornar à sala, na volta ele daria dois doces em vez de apenas um. Essa espera duraria aproximadamente quinze minutos. E o que essa pesquisa descobriu foi algo surpreendente: a maioria das crianças esperou e ganhou os dois marshmallows. As surpresas não param por aqui.

Essas crianças foram acompanhadas no decorrer da vida e constatou-se que elas apresentaram maior sucesso, inclusive com melhores potenciais cognitivos e melhor capacidade de julgamento, entre outras habilidades que auxiliam muito a saber lidar com as dinâmicas da vida.

E o que nos mostra tudo isso? Que quando decidimos, estamos trabalhando com possibilidades, analisando-as e colhendo o fruto de decisões bem pensadas, sem agir de maneira impulsiva, o que acaba gerando autoconfiança e estimulando o exercício da decisão. E quando, porém, a decisão foi pensada e analisada e, ainda assim, não aconteceu o esperado? Por exemplo, depois de a criança ver o brinquedo, avaliar suas características e o que ele fazia, ela acaba decidindo brincar com esse brinquedo, mas vê que não era o esperado, ficando triste, desapontada e frustrada.

Na verdade, é bom que às vezes nossas decisões possam dar errado, pois somente assim podemos aprender e exercitar nossa flexibilidade mental e emocional. Mais que errar, temos de aprender com nossos erros para que isso nos proporcione crescimento e possibilidades de pensarmos em alternativas para não errarmos de novo; e quando isso acontece somos tomados por uma sensação de competência, autoestima e superação, algo que ninguém tira de nós.

Você deve estar se perguntando como fazer de uma decisão ruim algo bom...

Como já foi exposto, o processo de decisão inclui responsabilidade pelas escolhas feitas, e isso acaba proporcionando aprendizados muito mais significativos do que quando as decisões apresentam resultados positivos. Isso mesmo, quando tomamos

O **EXERCÍCIO DA DECISÃO** DESDE PEQUENO FAZ COM QUE A **CRIANÇA** COMECE A **LIDAR** DESDE CEDO COM ASPECTOS FUNDAMENTAIS.

uma decisão e ela acaba dando errado, temos a possibilidade de explorar muito mais e aprender com essa situação, pois se algo não saiu como esperado é porque a análise feita não considerou algum aspecto. Por isso, a mediação dos pais e cuidadores nessa fase é de fundamental importância, uma vez que são eles que vão fazer questionamentos e levar a criança a perceber o porquê de aquela decisão não ter sido a mais acertada e o que é possível fazer para que isso não ocorra novamente. Essa mediação deve ser repleta de acolhimento e sentimento de respeito, e nunca de acusação, apontando o erro que a criança acabou fazendo, com frases como o famoso "eu já te disse". Afinal, quem nunca errou que atire a primeira pedra; esse tipo de conduta é prejudicial, pois aumenta a insegurança da criança e tira dela o exercício fundamental de escolher e decidir; se ela não é capaz de decidir, certamente delegará isso a outras pessoas e acabará não se tornando o ator principal da própria vida, deixando para outras pessoas escolherem por ela e assim entrará num círculo vicioso, que estimulará sua insegurança. Já imaginou quão triste é alguém incapaz de fazer escolhas, o tipo de sentimento que essa pessoa apresenta?

Decidir é mostrar sua preferência. Quando escolhemos, estamos mostrando um pouco de nós ao mundo, estamos nos posicionando, estamos marcando território, expressando nossas ideias, nossos valores e, mais ainda, aprendendo a lidar com perdas... Isso mesmo, esse ato que julgamos tão simples nos dá uma lição primordial que é saber perder... vamos falar mais sobre isso!

ESCOLHER É DECIDIR O QUE VAMOS PERDER

Sempre que uma pessoa decide, ela faz uma escolha. E sempre que escolhe, ela perde algo, pois a escolha pressupõe perder algo sempre, tendo em vista que nunca poderemos ter tudo o que queremos. Veja esse exemplo: a criança precisa escolher entre ir a um passeio e ficar em casa. Parece muito mais sedutor ir ao passeio – e muitas crianças assim o escolhem –, mas e se em casa estiver passando um desenho de que ela gosta, ou a mãe estiver fazendo um bolo que ela ajudaria a fazer? Enfim, escolher faz você definir prioridades e trabalhar com elas, elegendo o que é mais importante e o que é menos importante.

Quantos de nós já não vimos adultos altamente indecisos e que não conseguem escolher? Muitos não sabem por que isso pode acontecer, mas a princípio a primeira causa é a dificuldade de se responsabilizar pelas próprias escolhas, e a segunda é o medo de perder algo. A indecisão é algo que nos paralisa e nos impede de agir, e com isso somos apenas coadjuvantes numa vida em que devemos ser atores principais, responsáveis por nossos atos. Muitos acham que, se não decidirem ou opinarem, certamente não serão responsabilizados; isso é um engano, pois a falta de decisão também gera consequências... quando deixamos de escolher, os outros escolhem por nós e nos tornamos reféns da escolha dos outros e não podemos sequer reclamar, afinal quem cala consente, não é mesmo?

Ninguém aqui está falando que incentivar a autonomia é simplesmente deixar a criança tomar as decisões que ela queira; sabemos que ela precisa de mediação nesse processo, como já falamos no decorrer deste capítulo. Assim, estimule-a a decidir sobre um brinquedo com o qual ela queira brincar, um livro que queira ler. Uma dica: no início, é interessante dar um número baixo de opções, como a escolha entre dois livros, ou entre duas roupas, ou entre três sobremesas. Dar opções ajuda a estabelecer parâmetros para que a criança escolha temas semelhantes e pertinentes ao seu desenvolvimento e à sua maturidade. No entanto, lembre-se: a responsabilidade da escolha é um fator fundamental nesse processo, então seja um mediador das escolhas de seu filho.

CAPÍTULO 6

PILAR 3: EDUCAR PARA OS CONFLITOS

A FELICIDADE NÃO É A AUSÊNCIA DE CONFLITOS, E SIM A HABILIDADE DE LIDAR COM ELE. UMA PESSOA FELIZ NÃO TEM O MELHOR DE TUDO, MAS ELA TORNA TUDO MELHOR.

AUTOR DESCONHECIDO

Podemos conceituar conflito como uma situação que acontece quando, inseridos num contexto social, há a necessidade de fazer escolhas e/ou tomar um posicionamento, e essas opiniões e esses posicionamentos acabam divergindo, ocasionando o surgimento de brigas e discussões. Se formos procurar o significado da palavra **conflito**, encontraremos o seguinte: profunda falta de entendimento entre duas ou mais partes, isto é, duas opiniões, posicionamentos e interesses diferentes que, ao serem expostos em determinada situação de forma concomitante, isto é, ao mesmo tempo, acabam gerando um choque, um desacordo, um embate que pode gerar uma discussão, inclusive repleta de agressividade tanto na esfera verbal quanto na física.

Situações conflituosas estão presentes em nosso dia a dia e em todo o contexto da infância das crianças; é muito comum vermos isso nas famílias, nas escolas e nas atividades em que tenham crianças participando. Nesses casos, os conflitos podem ocorrer quando uma criança é contrariada ou frustrada e quer, a todo custo, que seu desejo seja atendido; essas situações podem ocorrer tanto da parte da criança em relação ao adulto quanto de criança para criança. Quem nunca presenciou duas crianças disputando o mesmo brinquedo, ou uma querendo impor sua opinião sobre a outra, ou discutindo com o pai ou a mãe por não querer fazer a tarefa naquela hora, ou enrolando para tomar banho? Enfim, situações conflitivas estão presentes a todo momento, tanto em ambiente doméstico quanto em escolar e social, porque quando há pessoas envolvidas, existe a possibilidade de haver conflitos, os quais se originam da subjetividade de cada um, que nada mais é que seu ponto de vista.

Na criança, as situações conflituosas fazem parte de todo o seu desenvolvimento e tem seu ápice antes dos 6 anos. Isso porque nessa etapa a criança está passando por um processo que chamamos de egocentrismo, que não é um problema, mas sim uma característica bem peculiar na primeira infância e deve ser tratada como um aspecto natural do desenvolvimento infantil, nunca como um defeito. Esse processo foi descrito por estudiosos famosos do desenvolvimento infantil como Piaget. Vamos entender mais sobre isso.

EGOCENTRISMO E EMPATIA

Egocentrismo é uma fase do desenvolvimento em que a criança não consegue se colocar no lugar do outro, isto é, não consegue ser empática (guarde essa palavra muito importante, pois falaremos dela posteriormente), pois acha que tudo o que acontece é em função dela, como se ela estivesse no centro do mundo e tudo girasse em torno dela. Assim, tudo deve ser feito para satisfazer seu desejo, tendo em vista que para ela só existem seus desejos, suas vontades e seus anseios. Até pensamentos e sensações dos outros são percebidos segundo seu ponto de vista. Ela acha que todos pensam como ela, têm as mesmas dores que ela etc. Isso acontece porque quando a criança nasce, ela não consegue se diferenciar do mundo, como se ela e o mundo fossem uma só coisa. Pouco a pouco, a criança reconhece que os objetos são externos, entidades separadas, e que suas ações são independentes desses objetos. Contudo, durante a educação infantil a criança ainda não consegue compreender outras perspectivas. Acha que as outras pessoas têm a mesma visão das coisas e sentem da mesma maneira que ela.

Os três primeiros anos da criança é a fase em que o egocentrismo tem seu auge, uma vez que dos 4 aos 6 anos ela começa a ter condições cognitivas para compartilhar e se colocar mais no lugar do outro. Isso foi visto também por uma pesquisa neurocientífica alemã[2] que

---

2 Disponível em: <http://revistacrescer.globo.com/Revista/Crescer/0,,EMI304335-10448,00-E+MEEEEEEEEU.html>. Acesso em: 21 dez. 2017.

QUANDO HÁ **PESSOAS** ENVOLVIDAS, EXISTE A POSSIBILIDADE DE HAVER **CONFLITOS**, OS QUAIS SE ORIGINAM DA **SUBJETIVIDADE** DE CADA UM, QUE NADA MAIS É QUE SEU **PONTO DE VISTA**.

mostrou que a área cerebral responsável pelo autocontrole das crianças, o córtex pré-frontal, está muito imatura até os 6 anos, visto que a maturidade cerebral dessas áreas começa a partir dessa idade. Mas o que fazer até lá? Deixar a criança achar que pode fazer tudo, tendo em vista que se trata de um processo orgânico?

Nada disso... Nesse processo, é fundamental que os pais – e também os professores, uma vez que na escola acontecem muitos desses conflitos e situações – exerçam o papel de mediadores, entendendo que é uma fase natural, mas que precisa ser trabalhada com muito diálogo e paciência, pois somente se colocando no lugar dos outros e estimulando a empatia podemos fazer a criança aprender a lidar com conflitos de maneira construtiva.

Essa mediação será fundamental para mostrar à criança que ela não é única no mundo e como é importante conviver com as outras pessoas, sejam crianças, sejam adultos. E o que vai colaborar para que isso aconteça? As situações de conflito!

Embora essas situações possam desencadear reações por vezes negativas e circunstâncias estressantes, são elas que vão levar nossos filhos a desenvolver empatia, argumentação, diálogo, enfim, habilidades que são importantes para toda a vida.

Nesse processo, porém, é fundamental a mediação de pais e professores ou de adultos que estão em contato com as crianças e que, acima de tudo, sejam seguros e estejam dispostos a contribuir de

COMO SABER DO QUE SEU FILHO REALMENTE PRECISA?

maneira construtiva nessa fase, pois sabemos que é trabalhoso e desgastante, mas necessário se quisermos filhos preparados para lidar com o mundo, com a vida... Enfatizamos: não é porque é uma fase natural que não se deve mediar esse processo. Contudo, é importante lembrar que esses adultos também estão desenvolvendo aspectos emocionais e cognitivos, exercitando sua personalidade para que auxiliem, desse modo, a criança na administração dos conflitos.

Muitas vezes desmerecemos pequenos conflitos, como a disputa por um brinquedo, ou querer colocar uma roupa quando não pode, ou querer brincar com algo que é perigoso... Não faça isso, valorize essas oportunidades de maneira verdadeira como forma de crescimento para seu filho; saber gerenciar conflitos é uma habilidade que faz a diferença na vida de qualquer pessoa!

E qual habilidade vai fazer toda a diferença em um processo conflituoso, uma situação de embate, uma discussão? A **empatia**.

Bom, explicamos como é comum as situações conflitivas no universo infantil, e o egocentrismo, que faz parte do desenvolvimento infantil e muitas vezes impede que as crianças se coloquem no lugar do outro, o que precisa ser estimulado por meio de conversas, exemplos e situações práticas, e isso é exatamente a definição de empatia... Essa habilidade está sendo muito estudada e, segundo muitas pesquisas internacionais, pessoas com alto grau de empatia conseguem ser adultos mais bem-sucedidos, felizes e bem ajustados.

Empatia é a capacidade de não só se colocar no lugar do outro, mas também de sentir, se colocar sob o ponto de vista do outro, ver a vida pelos olhos do outro e perguntar: como o outro faria, ou por que ele está fazendo isso?

A empatia traz benefícios para a criança e também para sua família, pois possibilita relações mais ricas e cheias de significado. Quando nos importamos com o outro e nos colocamos em seu lugar, entendemos suas motivações, seus interesses e suas ideias, o que não deixa de ser uma condição importante em várias situações na vida, até mesmo nas situações de conflito.

Países desenvolvidos já perceberam isso, e iniciativas como a da Dinamarca — um país em que as pessoas são consideradas as mais felizes do mundo — são admiráveis. Nesse país, a empatia é considerado um assunto sério e, por isso, faz parte da grade curricular das escolas de crianças de 6 a 16 anos, em que situações-problemas das crianças são apresentadas e discutidas em grupo, para avaliar as possibilidades.[3] Projetos como o da Universidade de Harvard Making Caring Common, que promove a sensibilização e a criação da empatia nas crianças e nos adolescentes, fazem pesquisas e ações nacionais para tornar crianças e adolescentes mais preocupados com o outro, além de desenvolver estratégias práticas que possibilitem o exercício da empatia.

---

3 Disponível em: <https://catraquinha.catracalivre.com.br/geral/aprender/indicacao/dinamarca-leva-empatia-as-escolas-e-ganha-em-adultos-mais-felizes/>. Acesso em: 21 dez. 2017.

COMO SABER DO QUE SEU FILHO REALMENTE PRECISA?

E como podemos estimular de maneira prática o exercício da empatia diariamente em nossa casa? Por meio de atividades colaborativas, jogos, brincadeiras e situações de conflito. No entanto, o mais importante de tudo é a comunicação, a mediação desses processos. É óbvio que muitas vezes as crianças não vão entender a explicação, pois ainda não têm maturidade para isso, porém ela precisa passar pelo processo.

Imaginemos uma situação em que uma criança de 3 anos queira, a qualquer custo, comer um chocolate perto da hora do almoço. Então, a criança começa a insistir, e a mãe ou o adulto que está com ela explica que a entende pois chocolate é gostoso mesmo, mas que naquele momento não é hora para comer chocolate, pois precisa almoçar primeiro e depois do almoço poderá comer um pedaço. Temos duas alternativas para essa situação conflituosa: ou a criança aceita ou parte para uma situação mais enfrentativa e começa a gritar, chorar ou até parte para um comportamento mais agressivo. Novamente o adulto que estiver perto vai mediar, explicar e, sobretudo, manter o que foi combinado; e então, depois de a criança ter se acalmado, ele deve reconhecer como é difícil para ela, dizer que a entende (isso é muito importante pois mostra empatia do adulto pela criança) e explicar que fez isso porque se importa e quer seu bem; pode até dizer algo como: "Pode ficar brava, eu entendo, mas eu preciso fazer o que é certo e importante para você".

Agora, o mais importante é, passada a situação, retomar a discussão de maneira construtiva, enfatizando que aquilo passou e mostrando o que podem tirar de aprendizado da situação...

É bacana isso: tirarmos ensinamentos, conhecimentos, práticas e ações diferentes a partir de um problema... Quantos adultos até hoje não conseguem lidar com situações problemáticas, muito menos extrair pontos positivos delas? Ter esse discernimento possibilita um crescimento e um grande diferencial para a vida, principalmente no que diz respeito à flexibilidade e à condução de conflitos.

Conflitos sempre farão parte do dia a dia das pessoas, sejam elas crianças, adolescentes ou adultos; são eventos difíceis, porém fundamentais para a construção de seres humanos. Mais que desafiadoras ou antagônicas, essas situações possibilitam desestabilizações que nos preparam para a vida, por isso a importância de uma valorização desses momentos que – se forem bem trabalhados, mediados – podem ser fonte de aprendizado na formação de pessoas mais seguras, éticas e sensíveis.

CAPÍTULO 7

PILAR 4: EDUCAR PARA REALIZAR

GRANDES REALIZAÇÕES SÃO POSSÍVEIS QUANDO SE DÁ IMPORTÂNCIA AOS PEQUENOS COMEÇOS.

LAO TSE

Outro pilar que faz parte das competências que precisamos estimular em nossos pequenos é a realização. **Realizar é pôr em prática**. Quando procuramos entender esse termo tão complexo, deparamo-nos com muitos sentidos, e um deles é: **fazer** com que tenha existência concreta, fazer acontecer nossos sonhos e nossos desejos, o que imaginamos e o que pensamos.

Então, para podermos realizar algo, primeiro precisamos ter algo para realizar. Isso parece óbvio, mas esses desejos e essas vontades precisam estar presentes de maneira construtiva, viva e motivadora dentro da cabeça, de acordo com a vontade da criança; para isso, precisamos primeiro ter sonhos e desejos que motivem a criança para uma ação.

Estimular a criança a ter sonhos e desejos é fundamental nesse processo, e isso só é possível quando existe um contexto familiar e escolar que permite experienciar o ambiente com livros, jogos, brincadeiras etc. Além disso, é importante relacionar-se com as pessoas, que o meio seja acolhedor, que transmita segurança sem que haja superproteção, que exista abertura para o diálogo, no qual pais e filhos construam uma relação de afeto, respeito e criatividade. Só tem sonhos quem é estimulado a isso!

Nesse contexto, uma autoestima elevada é o maior estímulo para que a criança gere ideias e tenha pensamentos que concebam possibilidades. Crianças com autoestima elevada são mais criativas e propensas à realização de projetos. E o que é a autoestima? Como ela age e de que maneira podemos estimular esse aspecto na criança?

Podemos conceituar autoestima como a consciência que cada um tem do próprio valor e das próprias responsabilidades ou ainda como a capacidade de gostar de si mesmo. É uma forma de aceitação, uma opinião favorável que a pessoa tem de si mesma e que muitas vezes pode não ter lógica ou respaldo racional. Por exemplo, uma pessoa gordinha pode se achar linda ainda que seu corpo esteja fora do padrão de beleza atual. Esse grupo de sentimentos pode atuar sobre as esferas física, mental ou espiritual, e são esses componentes que ajudam a formar nossa personalidade. É importante saber que a autoestima pode mudar ao longo do tempo, uma vez que sua formação começa por volta dos 5 anos, mas, para que essa formação comece adequadamente, é necessário que a autoestima seja estimulada antes disso. Quantos adultos tornam-se inseguros por não terem recebido estímulo para a autoestima quando eram crianças? Muitos casos de medos em crianças (do escuro, de determinada brincadeira, de ficar sozinha ou de ambientes diferentes) podem sugerir baixa autoestima, visto que a autoestima está muito ligada com o sentimento de segurança. De modo geral, a autoestima possibilita que a pessoa tenha maior confiança em si mesma, o que a auxilia a acreditar em seus sonhos, primeiro passo para que ela possa transformá-los em realidade!

COMO ESTIMULAR A AUTOESTIMA DA CRIANÇA

Existem maneiras pelas quais podemos fazer isso adequadamente. Em muitas ocasiões, agimos julgando que estamos certos, mas, na verdade, tomamos atitudes inadequadas que acabam prejudicando a estruturação da autoestima. Um exemplo clássico é o elogio.

O elogio é uma forma de reforçarmos atitudes de nossos filhos a qual deve ser muito bem utilizada e contextualizada; caso contrário, pode ter um efeito negativo na formação da personalidade dos pequenos, e isso já foi provado até por pesquisas científicas.

A Academia Americana de Ciência comprovou, por meio de um estudo com 700 crianças de 6 a 12 anos, que elogios em excesso podem criar adultos narcisistas.[4] Segundo essa pesquisa, crianças muito valorizadas, por meio de elogios que dizem que são inteligentes e aprovam tudo que fazem, estão fadadas a não conseguirem se dar bem na vida, e, pior, criar filhos assim aumenta e muito a chance de eles se tornarem agressivos e deprimidos, estimulando até o uso de drogas.

Outras pesquisas também demonstraram que devemos saber como elogiar as crianças. Um experimento muito famoso feito com 400 alunos de uma escola de Nova York pela psicóloga americana Carol Dweck, da Universidade Stanford,[5] demonstrou que devemos elogiar o esforço da criança para fazer uma tarefa, e não somente o resultado alcançado. A pesquisadora dividiu as crianças em dois grupos e neles aplicou uma série de quatro atividades iguais. Na primeira atividade para um grupo, ela simplesmente elogiou o resultado do teste dizendo: "Nossa, você é muito inteligente". Para o outro grupo, ela mudou a fala e disse: "Você deve ter se esforçado muito para conseguir esse resultado". O que ela fez, na verdade, foi separar os dois grupos em inteligentes e esforçados para observar o impacto que cada tipo de elogio poderia causar.

Na segunda atividade, houve influência da primeira, pois as crianças poderiam escolher uma atividade fácil como a primeira ou uma

---

4 Disponível em: <https://oglobo.globo.com/sociedade/estudo-mostra-que-pais-podem-ajudar-criar-pequenos-narcisistas-15545501>. Acesso em: 21 dez. 2017.

5 Disponível em: <http://www.psicologiasdobrasil.com.br/elogie-o-esforco-da-crianca-nao-a-inteligencia/>. Acesso em: 21 dez. 2017.

mais difícil, e a surpresa foi que as crianças do grupo das inteligentes escolheram as tarefas mais fáceis, e as do grupo das esforçadas foram mais corajosas e ousadas e optaram pelas tarefas mais difíceis, nas quais poderiam aprender coisas novas de acordo com o contexto.

No entanto, a terceira tarefa era algo muito difícil, e os dois grupos deram-se mal, mas o interessante foi o processo em que tudo aconteceu, pois o grupo das inteligentes apresentou grande inabilidade emocional: nervosas e irritadas, muitas crianças não conseguiram terminar a prova. As crianças esforçadas também não conseguiram, mas se dedicaram muito mais que as outras.

Na quarta e última atividade, os resultados ficaram muito mais evidentes. A atividade era tão fácil como a primeira, e os esforçados melhoraram em 30% seu desempenho em relação à primeira atividade. Já o grupo dos inteligentes teve queda de quase 20% em seu desempenho.

EXISTE UMA FORMA CORRETA DE ELOGIAR

O que podemos aprender com tudo isso?

Quando elogiamos e valorizamos o resultado, a criança pode ficar presa a não querer errar e falhar e é levada a pensar que o rótulo de inteligente deve ser preservado a qualquer custo, passando a descartar rapidamente tarefas e desafios novos que podem colocar esse título em risco. Assim, elas ficam presas numa zona de segurança que pode

A ACADEMIA AMERICANA DE CIÊNCIA COMPROVOU, POR MEIO DE UM ESTUDO COM 700 **CRIANÇAS** DE 6 A 12 ANOS, QUE **ELOGIOS EM EXCESSO** PODEM CRIAR **ADULTOS NARCISISTAS**.

acompanhá-las até a fase adulta. Quantas pessoas conhecemos que não gostam de se arriscar a fazer nada de novo e por isso acabam tornando-se reféns do sentimento de frustração, porque queriam fazer de modo diferente, mas ficam paralisadas pelo medo?

Contudo, as pessoas incentivadas na ação, valorizadas por tentarem fazer diferente, não se prendem ao resultado, e sim ao risco de experimentar as possibilidades e as tentativas, que também pode ser prazeroso. Elogiar o processo, e não o produto possibilita estimular nas crianças a vontade de realizar, fazer, tentar, se arriscar, e isso tem muito a ver com o pilar de que tratamos neste capítulo, algo que precisa ser desenvolvido em nossas crianças para que sejam seres humanos realizadores, tenham coragem necessária para realizar, fazer, ou, como já ouvimos por aí, sejam gente que faz!

Podemos ter filhos, inteligentes ou não, com dificuldades ou não, isso não importa porque, quando tiramos o foco deles e colocamos no processo, estamos estimulando o exercício de realização. Conhecemos muitas crianças que apresentam diversas dificuldades e quadros de deficiências graves – como autismo –, mas quando os pais focam e reconhecem o esforço que tiveram para realizar alguma atividade aquilo tem um poder tão grande para essas crianças que conseguem, sim, melhorar muito o quadro. Agora imagine o efeito da ação de focar e reconhecer o esforço de crianças que não apresentam essas dificuldades e deficiências...

Quantos de nós não tivemos amigos na escola que eram os primeiros da sala, tidos como os mais inteligentes, mas quando os encontramos anos mais tarde simplesmente não tiveram sucesso profissional e, por vezes, pessoal; isso demonstra que podemos ter muitas potencialidades, mas se não as usarmos, não as colocarmos em prática, ficarão mortas, contaminando toda a nossa personalidade e dando-nos a sensação de que podemos fazer mais, mas não conseguimos, como se esse medo do erro e do fracasso paralisasse nossas ações.

É óbvio que não é sempre que vamos acertar quando fizermos algo, mas o exercício dessas possibilidades desenvolve vários outros aprendizados que já descrevemos aqui, como lidar com a frustração, decidir, agir em situações de conflito, enfim, quando estamos realizando coisas, outras habilidades estão em desenvolvimento! Por isso é muito importante a valorização do processo, e não do produto final, pois é no processo que aprendemos; para isso devemos estar receptivos e flexíveis a mudanças. Flexibilidade é a chave nesse processo!

DEVEMOS, PORÉM, IR ALÉM DOS ELOGIOS

Percebemos então que ter uma boa autoestima é uma habilidade importante que deve ser cultivada no processo de capacitar nossas crianças para a realização. Contudo, somente elogios não servem para melhorar a autoestima; devemos ir além deles, possibilitando relações de afeto, segurança, diálogo, limites, enfim um apoio que possibilite a essa criança expor e realizar suas ideias de modo que valorize mais o processo que o produto, pois ao valorizarmos sua iniciativa e, sobretudo, todo o percurso de ideias, estamos dando um recado bem importante a nossos filhos: que independentemente dos resultados o importante é sempre tentar, realizar. Já se valorizarmos só o resultado final, desmerecemos todo o processo que foi o responsável pelo produto final, que pode ser positivo ou negativo.

Essas realizações começam de maneira simples, no dia a dia... Podem ser vistas, por exemplo, quando nossos filhos inventam brinquedos ou brincadeiras, quando querem se vestir sozinhos, quando tentam abrir uma embalagem e comer sozinhos ou simplesmente quando querem fazer um desenho. São atitudes simples e corriqueiras, mas repletas de significado para nossas crianças. Pequenos passos como esses vão estimulá-las a seguir em frente e arriscar-se cada vez mais no mundo, deixando assim sua marca nele!

CAPÍTULO 8

PILAR 5: EDUCAR PARA APRENDER

*FELIZ AQUELE
QUE TRANSFERE O QUE SABE
E APRENDE O QUE ENSINA.*

CORA CORALINA

Este é um dos pilares mais interessantes de nossa metodologia. Ele tem um impacto importantíssimo no processo de desenvolvimento dos aspectos emocionais e cognitivos. Entender a **aprendizagem** e o papel que ela exerce em nossa vida é algo verdadeiramente fascinante!

Vamos começar por entender o que é aprendizagem. Muitos teóricos apontam a aprendizagem como um processo de mudança de comportamento obtido pela interação do sujeito com seu meio e é construída por fatores emocionais, neurológicos, relacionais e ambientais. Aprender é o resultado da interação entre estruturas mentais e o meio ambiente, o que podemos denominar interação genética e ambiental. Aprendizagem é um processo amplo que depende de muitas variáveis e vai além da esfera escolar.

Dizemos que os anos 1990 foi a década do cérebro, porque a partir daí foram criadas muitas tecnologias que propiciaram entender o funcionamento do cérebro e como ele aprende. Aparelhos de ressonância magnética funcional que são utilizados somente em centros de pesquisa mundiais auxiliam no entendimento do cérebro, mostrando-nos quais áreas são ativadas em determinada situação e quais não são. Assim, estamos aprendendo cada vez mais coisas novas sobre o cérebro e como ele aprende.

Se perguntássemos a você com que idade começamos a aprender, o que você responderia? Muitos poderiam dizer aos 2 anos. Outros, aos 7 anos, quando entramos na escola. Enfim, poderíamos ter uma série de respostas. No entanto, podemos assegurar que você vai se surpreender com a resposta da ciência. De acordo com pesquisas neurocientíficas, nosso processo de aprendizagem começa no quarto mês de gestação. Isso mesmo, quarto mês de gestação.

Marian Diamond é uma renomada pesquisadora da Universidade da Califórnia que tem entre seus feitos mais notórios a constatação de que o cérebro de Einstein tinha mais conexões que o dos demais; ela também descobriu que o cérebro pode mudar a partir de estímulos ambientais e que o estímulo do meio provoca e muito as conexões de neurônios.

Uma pesquisa relatada por ela[6] retratou uma experiência realizada nos Estados Unidos feita com gestantes para avaliar o nível de reconhecimento e aprendizagem que o bebê, dentro do útero materno, poderia ter se exposto a determinado estímulo.

Nessa experiência, eles pediram a gestantes que estivessem no quarto mês de gestação (nesse período o aparelho auditivo da criança começa a ser desenvolvido) que colocassem fones de ouvido em suas barrigas, para que o bebê dentro da barriga da mãe fosse exposto a uma música específica todos os dias durante uma hora. Depois do nascimento, essas crianças eram expostas à mesma música que ouviam enquanto estavam dentro da barriga da mãe e qual foi a surpresa? Toda vez que os bebês ouviam aquela música seu batimento cardíaco mudava e eles se movimentavam mais, ao passo que quando eram expostos a outras músicas não apresentavam comportamento que chamasse a atenção. Concluiu-se que começamos a aprender desde o útero materno e que há muitas variáveis que influenciam nesse processo.

Para nossos filhos aprenderem bem os fatores biológicos, são de fundamental importância: boa alimentação, higiene, cuidados básicos de saúde, sono, enfim, necessitamos de um bom suporte biológico pois temos bases orgânicas que precisam e devem ser

---

[6] DIAMOND, Marian; HOPSON, Janet. *Árvores maravilhosas da mente*. São Paulo: Campus, 2000.

cuidadas; no entanto, existe também um fator que é decisivo para que essa aprendizagem se desenvolva: o ambiente.

A doutora Marian Diamond, uma das maiores neurocientistas da atualidade, conseguiu fazer descobertas fascinantes por meio da pesquisa realizada em laboratório com ratos, em que ela mostrou que um ambiente enriquecido — com brinquedos e companheiros — mudou a anatomia do cérebro.[7] A conclusão era que o cérebro de todos os animais, incluindo os humanos, beneficia-se de um ambiente enriquecido e que os ambientes empobrecidos podem diminuir a capacidade de aprender. Esses estudos mostraram que o cérebro é um órgão que apresenta o que chamamos de plasticidade, posteriormente denominada NEUROPLASTICIDADE — ou seja, a capacidade que o cérebro tem de se desenvolver ou não dependendo dos estímulos ambientais. Essa descoberta foi um importante marco das Neurociências.

Segundo essa visão da neuroplasticidade, percebemos então quão importante são os estímulos e a qualidade deles e como impactam no desenvolvimento infantil, isso porque um dos ápices da neuroplasticidade acontece nos sete primeiros anos de vida, época em que estruturamos boa parte de nossa personalidade,

---

[7] SANDERS, Robert. Marian Diamond, known for studies of Einstein's brain, dies at 90. *Berkeley News*. 28 de julho de 2017. Disponível em: <http://news.berkeley.edu/2017/07/28/marian-diamond-known-for-studies-of-einsteins-brain-dies-at-90/>. Acesso em: 26 jan. 2018.

nossas habilidades cognitivas, nossos aspectos emocionais. Em geral, quando damos uma aula e explicamos quão importante e marcante são essas primeiras experiências, muitos pais, educadores e profissionais ficam maravilhados, mas ao mesmo tempo preocupados com tamanha responsabilidade que têm na formação integral das crianças que estão sob sua responsabilidade.

Isso porque nesse desenvolvimento sabemos que existem épocas em que nosso cérebro está mais apto a aprender coisas, o que chamamos de Período Sensível de Desenvolvimento (PSD).

Esses PSDs acontecem de forma mais eficaz na infância e são ativados e potencializados pelos fatores ambientais. Assim, existem alguns circuitos cerebrais que só estarão presentes em determinada fase. Veja esse exemplo: se colocarmos uma criança de 2 a 3 anos imersa num segundo idioma, isto é, falando dois idiomas simultaneamente, essa criança aprenderá os dois idiomas muito bem, até mesmo apresentando sotaque. É por isso que, quando uma família com filhos pequenos muda de país, as crianças aprendem naturalmente o idioma a que são expostas, ao passo que para os adultos aprenderem outro idioma é muito difícil!

Então, eis mais um motivo para termos um ambiente estimulador, enriquecedor para nossos pequenos aprenderem de forma efetiva.

COMO CRIAR AMBIENTES ESTIMULADORES

O que seria um ambiente estimulador? Seria um ambiente cheio de brinquedos, com atividades cuidadosamente preparadas? Não! Estimular a criança não é dar brinquedos caros nem propor atividades altamente elaboradas. Se há uma coisa que as crianças nos mostram sempre é a SIMPLICIDADE. Isso mesmo, não é o brinquedo mais moderno que vai desenvolver as capacidades cognitivas de seu filho, e sim a mediação que é feita nesse brinquedo, como brincar com ele, as possibilidades criativas permitidas por ele. E não necessariamente isso precisa ocorrer com brinquedos, pois a todo momento podemos proporcionar estímulos a nossos filhos, desde a hora do banho, em que podemos cantar e, por meio de esquema e imagem corporal, trabalhar as partes do corpo; trabalhar o raciocínio matemático quando contamos os dedinhos; estimular as sensações ao trabalhar a temperatura, o cheiro do sabonete... Estamos falando de um momento que é comum na vida diária de todas as crianças e de como é bacana transformar momentos assim em oportunidades de aprendizado para ambas as partes, pois tanto o adulto quanto a criança estão imersos nesse processo de aprendizagem, e os adultos têm de estar abertos a isso.

Essas primeiras aprendizagens vão estruturando e estimulando a criança a ser um adulto aberto à aprendizagem. Sempre falamos que as famílias apresentam uma forma peculiar de aprender e as crianças acabam "modelando" isso, ou seja, repetindo o modelo.

Existem algumas aprendizagens no desenvolvimento da criança que nos chamam mais a atenção nesse processo, sobretudo o modo como a família ensina a criança a andar, falar, comer e usar o banheiro.

Esses são marcos de desenvolvimento importantes, porque mostram como a família desenvolve essas habilidades na criança, que tipo de recursos internos a família utiliza para dar conta de fazer com que ocorram processos de aprendizagem. São essas posturas dos pais diante da aprendizagem dos filhos que vão moldar a maneira como essa criança lidará com a aprendizagem num evento futuro. Os pais imprimem isso na personalidade dos filhos, e os filhos, por sua vez, acabam por ter essa base estruturando seu processo de aprendizagem subjetivamente, afinal os pais podem fazer muitas coisas para os filhos, mas aprender é algo único e particular de cada sujeito.

Para ilustrar isso, vamos ao primeiro aprendizado: ensinar a andar. Quando a criança está pronta para essa fase, por volta de 11 meses a 1 ano, os pais ou cuidadores estimulam que ela aprenda a andar. Existem pais que deixam o filho no chão, este se levanta, dá um passinho e cai, e novamente o adulto estimula a criança a continuar dizendo "vai, vai", mas a criança cai novamente, chora e então é acolhida e estimulada a tentar e repetir, pois terá alguém ali para apoiar, ajudar. Veja só que mensagem mais linda que essa criança está recebendo: aprender coisas novas pode ser difícil, mas é preciso ter insistência

ESTIMULAR A CRIANÇA NÃO É DAR BRINQUEDOS CAROS NEM PROPOR ATIVIDADES ALTAMENTE ELABORADAS. SE HÁ UMA COISA QUE AS CRIANÇAS NOS MOSTRAM SEMPRE É A **SIMPLICIDADE**.

para repetir e tentar até conseguir. Se, porém, os pais simplesmente colocam a criança num andador (condenado pela Sociedade Brasileira de Pediatria por causar acidentes domésticos fatais e banido da Europa e dos Estados Unidos), primeiro devemos entender qual a motivação desse pai ao colocar seu filho no andador. Ele quer queimar etapas? Quer estimular mais seu filho para que seja mais inteligente que os outros? Ou não tem muita paciência para acompanhar essa fase de desenvolvimento tão importante da criança? Qualquer uma dessas respostas vai acompanhar o desenvolvimento da criança e imprimir a dinâmica da aprendizagem na personalidade dela.

Vemos com muita frequência, tanto em sala de aula como no consultório, crianças mostrando o padrão de aprendizagem da família. Crianças que, por exemplo, não admitem errar e não conseguem trabalhar com o erro em geral repetem o modelo de pais perfeccionistas. Já as crianças inseguras e que se sentem incapazes costumam vir de uma família que faz tudo pela criança, levando-a a entender que se precisa de alguém para fazer tudo por ela é porque ela não é competente para tal.

Então, se os pais querem desenvolver a habilidade de aprendizagem em seus filhos, precisam estimular as primeiras aprendizagens, mostrando assim que vale a pena aprender e que, quando estamos abertos a coisas novas, aprendemos sempre. E isso é verdade, pois a aprendizagem acontece para toda a vida.

COMO SABER DO QUE SEU FILHO REALMENTE PRECISA?

Assim, aprender a comer, por exemplo, exige um grande esforço e mediação da família: a criança vai se sujar, fazer lambança, mas com o passar do tempo vai aprender. Contudo, o que vemos nesses casos são pais estressados por causa da sujeira que a criança vai fazer e assim muitos dão comida na boca do filho, matando mais uma fase do desenvolvimento e privando-o da estimulação de seus esquemas corporais.

Muitos pais ficam muito preocupados em deixar os filhos se sujarem, mas, no processo de aprendizagem, a exploração do meio vai potencializar o desenvolvimento. Explorar o meio é brincar de verdade, com pés no chão, se sujando, sim, afinal já foi comprovado por meio de pesquisas[8] que crianças mais expostas ao meio ambiente apresentam menos risco de apresentar alergia. Então, para termos filhos saudáveis de corpo e mente, precisamos dar a eles a vitamina S... de sujeira!

Mais do que brinquedos, as crianças precisam brincar e aprender. Estamos cansados de ver crianças cheias de brinquedos, motivadas por consumismo. Se formos analisar, é possível constatarmos toda semana o surgimento da moda de um novo personagem, um novo brinquedo, algo novo para consumir. No entanto, o que mais chama a atenção no comportamento atual dessas crianças é que

---

[8] Disponível em: <http://www.pediatradofuturo.com.br/tudo-sobre-vitamina-s-as-boas-bacterias-e-sua-importancia-para-saude-do-seu-filho/>. Acesso em: 21 dez. 2017.

elas têm muitos brinquedos, mas não sabem brincar com eles, não conseguem explorá-los, não conseguem se relacionar com eles. É muito triste, pois estamos perdendo uma oportunidade ímpar, visto que toda a atividade lúdica que deveria estar sendo estimulada é perdida, porque é com essas relações que estabelecemos os padrões de aprendizagem que a criança vai desenvolver.

Dizemos que a vida é um completo aprendizado. A todo momento estamos aprendendo, mas devemos estar dispostos a isso. Aprender é ser desafiado a coisas novas, estar aberto a isso, ter coragem e humildade para enfrentar os desafios, fazer a tarefa quantas vezes forem necessárias sem se cansar, pois, quando conseguimos realizar algo, o sentimento de satisfação é muito motivador e nos inspira a aprender mais e mais. E assim nos tornamos seres humanos abertos, mais engajados e dispostos a encarar desafios.

CAPÍTULO 9

PILAR 6: EDUCAR PARA O **DIÁLOGO**

PARA SABER FALAR
É PRECISO ESCUTAR.

PLUTARCO

O diálogo é uma das habilidades mais fascinantes e que está presente durante todo o desenvolvimento da criança desde quando ela nasce, o que torna esse pilar o que vai permear a estruturação de todos os outros pilares, pois o diálogo pressupõe uma **interação** entre duas ou mais pessoas, pela qual vamos educar para as frustrações, as decisões, os conflitos, a realização e a aprendizagem...

As primeiras interações com o bebê são muito importantes e já começam aí as primeiras formas de diálogo entre ele e seus pais ou cuidadores. Esses primeiros diálogos são repletos de linguagem verbal, ou seja, a fala, mas também de muito contato físico, toques e gestos; e esses primeiros contatos – denominados linguagem não verbal – já podem influenciar o desenvolvimento da criança. Tanto a linguagem falada como a linguagem demonstrada são alicerces para o diálogo, que será responsável por mostrar o mundo para esse novo ser desde o nascimento, sendo esse o ponto de partida da criança no mundo e sabendo que desde tão pequena ela já entende, sim, e processa as informações transmitidas por seus cuidadores por meio do diálogo. Um exemplo de como desde pequeno o bebê já sente esse relacionamento pode ser visto no caso da depressão pós-parto.

A depressão pós-parto é um dos problemas que pode afetar de 10% a 15% das gestantes e se caracteriza por um período em que depois de dar à luz a mãe apresenta sintomas de depressão, com dificuldade em criar vínculo com seu filho. É um transtorno passageiro que pode variar de dois a seis meses e que é tratado com medicações e terapia, mas pode interferir no desenvolvimento futuro da criança. Pesquisas realizadas por Klaus e colegas[9] mostraram uma associação de mães que tiveram depressão pós-parto com filhos mais propensos a desenvolver transtorno de conduta, além de serem mais inseguros e menos felizes. Outras pesquisas mostraram efeitos da depressão pós-parto no desenvolvimento cognitivo de crianças, mostrando que filhos de mães que passaram por isso tendem a ter mais dificuldades escolares.

Com isso, podemos perceber como as primeiras relações e interações da criança com seu mundo, seu meio podem ser fundamentais e impactar e muito seu futuro. São esses diálogos falados ou não que constroem o que há de mais importante na relação entre

---
9 KLAUS, M. H., KENNEL, J. H., & KLAUS, P. *Vínculo: construindo as bases para um apego seguro e para a independência*. Porto Alegre: Artes Médicas, 2000.

pais e filhos: **o vínculo**. Propiciar vínculos saudáveis auxilia e muito a saúde mental infantil.

O VÍNCULO

São as relações e a qualidade delas que vão estabelecer, por meio do diálogo, o vínculo da criança com seus cuidadores, e essas primeiras ligações são as responsáveis pelos relacionamentos das crianças, podendo influenciar sua vida como um todo.

Toda interação realizada pelas crianças e por seus cuidadores comunica algo e deve estabelecer uma troca, que deve ser percebida tanto pela criança como por seus pais.

Diálogo só é diálogo quando existe uma vontade de que isso aconteça. No início, a criança é um ser totalmente desorganizado e dependente de seu cuidador, não existe nenhum ser vivo que dependa mais do outro que o ser humano. Quando observamos outros animais, como cachorros ou cavalos, ao nascerem, percebemos que eles pouco dependem de seu genitor, visto que, no caso dos cavalos, em poucas horas já estão até andando, muito diferente de nós, seres humanos, que somos totalmente dependentes do cuidado e da atenção do outro, tanto em termos biológicos quanto cognitivos e afetivos.

Educar para o diálogo requer que primeiramente os pais percebam como esse pilar é importante para seus filhos, ficando atentos a essa comunicação nos primeiros instantes. Os primeiros gestos, atitudes e falas já começam a mostrar um pouco do mundo e também dos próprios pais e das dinâmicas familiares.

Falar com seu filho desenvolve muito essa habilidade, pois primeiramente a criança aprende a compreender e depois a falar. Aquela máxima que ouvimos de que temos duas orelhas e uma boca e que temos de aprender a ouvir para então aprendermos a falar é verídica, pois, no desenvolvimento infantil, primeiro aprendemos a compreender e depois aprendemos a falar. E é muito fácil ver como isso é real.

Se você pedir a seu filho de quase 2 anos: "Filho, pegue o copo em cima da mesa", ele vai se dirigir à mesa e, se estiver na altura dele, com certeza se esforçará para atender a seu pedido, mas ele não é capaz de dizer "Pegue o copo em cima da mesa"... Isso porque, nos primeiros 3 a 4 anos, a criança é uma esponja que armazena tudo que é falado e como é falado em seu dia a dia! São essas falas que vão mostrar o mundo a ela e também estimular ou não o que ela fala e como vai falar.

O que vemos é que por volta dos 2 anos uma criança costuma falar aproximadamente 100 palavras e utiliza frases para expressar o que quer, e aos 5 anos já tem boa parte de seu repertório linguístico formado, conversando e falando sobre tudo.

Nesse desenvolvimento, passamos por muitas fases que devem ser estimuladas cada vez mais e são fundamentais em um processo que queira estruturar o diálogo.

Faça desse meio um instrumento para exploração e estimulação para falar sobre os sentimentos, pois dialogar sobre eles auxilia e muito o entendimento de situações diversas, sejam elas estressantes ou prazerosas. Falar sobre como seu filho está se sentindo demonstra a ele várias coisas, mas principalmente que você se importa com ele e com o que ele está sentindo. Esse tipo de atitude acaba também estimulando que ele faça isso com outras pessoas quando crescer, procurando se entender e entender mais o outro, estimulando o sentimento de empatia, que já foi abordado aqui. Crianças que sabem trabalhar mais com as emoções serão adultos que terão capacidade de regular melhor as emoções e os comportamentos.

Além disso, falar sobre o que ocorre no dia a dia ajuda na percepção acerca das coisas, valorizando assim situações e realidades, problemas, conflitos... É muito importante deixar a criança falar enquanto o adulto escuta, fazendo-a escutar enquanto o adulto fala. Esse é um exercício que fará a criança aprender a dialogar. É preciso também ir além do diálogo, mostrando que por meio dele foi possível entender o motivo de a criança estar triste, ou o que chamou sua atenção, ou a que ela deveria dar atenção, enfim, possibilitando o diálogo e ensinando na prática como se faz.

Será que isso é fácil? Definitivamente, não. Afinal, o diálogo é algo que exige muita disposição dos pais e cuidadores, pois cada vez que é valorizado, ele se torna não só um meio de relacionamento, mas aquilo que vai basear os relacionamentos, a vida. Em longo prazo ele vai formar adultos mais estruturados e preparados.

Só vai aprender a dialogar quem fizer esse exercício repetidas vezes com consistência e qualidade. Acho muito engraçado muitos pais que chegam em um nível de relacionamento com os filhos, em especial quando eles são adolescentes, e falam: "Bem, vamos dialogar, precisamos conversar!".

Quando um pai ou uma mãe conclui que precisa dialogar com o filho e chama-o para conversar, infelizmente costuma ser tarde demais... Essas conversas devem fazer parte da rotina desde os primeiros meses da criança. Ninguém deveria chegar à conclusão de que deveria falar com o filho depois que ele já está crescido, pois muito tempo já foi perdido! Afinal, é possível dar jeito para muitas coisas, mas para o tempo perdido lamentavelmente não há como... São oportunidades que não voltarão.

O GRANDE VILÃO DA FALTA DE DIÁLOGO...

Hoje os pais enfrentam um grande vilão que acaba com esse processo tão rico que é o diálogo: as tecnologias. Infelizmente o uso de tecnologias como tablets e celulares vem restringindo e muito o diálogo entre as famílias e atrasando até mesmo a fala das crianças, como constatado por uma pesquisa realizada na Universidade de Toronto, no Canadá. Essa pesquisa demonstrou que cada meia hora de exposição ao tablet aumenta em 49% o risco de atraso na fala, isso com crianças de 6 meses a 2 anos![10] Mas por que isso pode acontecer?

As tecnologias, os tablets e os celulares não oportunizam o diálogo porque não propiciam uma interação comunicativa entre as pessoas cara a cara. Com certeza você já viu famílias em restaurantes e cada um estava com seu dispositivo fazendo uso separadamente, ou seja, estão juntos, mas cada um em seu mundo.

Uma comunicação direta exige um nível maior de elaboração, pois demanda ação e resposta. Quando fazemos uso das tecnologias para nos comunicar, o diálogo não é estimulado, pois a máquina não apresenta a sensibilidade e a flexibilidade que o contato humano tem e são insubstituíveis.

Assim, a convivência da criança com seus pais, professores e/ou cuidadores possibilita esse tipo relacionamento único. Por isso, para educar usando como base os pilares aqui propostos, torna-se fundamental e importante ter o diálogo como agregador de todos esses aspectos.

Ao educarmos para a frustração, a forma com que dialogamos com a criança é que fará diferença para que ela faça desse momento mais construtivo que destrutivo. Muitas vezes, pode ser que os adultos estimulem esse processo fazendo a criança falar e escutar, para que realize assim o exercício real de um diálogo.

---

10 Disponível em: <https://oglobo.globo.com/sociedade/saude/tablets-celulares-podem-atrasar-desenvolvimento-da-fala-21298389>. Acesso em: 21 dez. 2017.

COMO SABER DO QUE SEU FILHO REALMENTE PRECISA?

Já ao educarmos para as decisões, o diálogo será o meio pelo qual vamos estudar e avaliar as situações. Nesse processo, expor pontos de vista levantando tudo o que pode ou não acontecer é de uma riqueza muito grande, pois ao avaliarmos as várias possibilidades elas nos abrem formas de refletir sobre diversos aspectos, estimulando-nos a um diálogo flexivo e reflexivo.

Seguindo o raciocínio, ao educarmos para os conflitos, o diálogo será o alicerce para que estes sejam solucionados, e por meio dele os conflitos serão mediados, muitas vezes mais ouvidos do que falados, pois quando ouvimos estamos entrando na dimensão do outro e, assim, entendendo e buscando argumentos para solucionar um impasse. Não existe uma educação para o conflito sem um bom nível de diálogo!

Para educarmos crianças para a realização, elas precisam estar motivadas, com senso de competência e de que podem se arriscar a fazer coisas, pois mais importante é valorizar o processo, e não só o resultado. Esse sentimento de competência, segurança e realização, porém, é fruto e resultado de um diálogo construtivo e constante e prima pela valorização do processo, e não do produto.

E o que falar da aprendizagem? Essa também, como foi mostrado, requer que a criança passe por esse processo sendo estimulada e valorizada a cada passo, visto que as aprendizagens da criança devem ser mediadas pelo diálogo. O diálogo poderá estimular o processo, tornando-o rico, motivador e cheio de significado para a criança.

Concluindo, educar para o diálogo requer essa postura dos pais desde o nascimento da criança. Somente exercitando o diálogo é que a criança vai se apropriar e fazer uso desse recurso fundamental para sua vida!

CAPÍTULO 10

PILAR 7: EDUCAR PARA SER FELIZ

> NÃO EXISTE UM CAMINHO PARA A FELICIDADE.
> A FELICIDADE É O CAMINHO.
>
> THICH NHAT HANH

Se perguntarmos aos pais sobre o que é mais importante para seus filhos, muitos dirão: "Quero que ele seja feliz". E por que isso é tão importante para os pais e como isso impacta a vida dos filhos?

Felicidade é um estado de contentamento e bem-estar, é uma forma de alegria que tem durabilidade, isto é, acontece em períodos determinados. A felicidade é um estado que utiliza a alegria como forma de expressar um momento da vida, uma situação vivida. É aquela situação em que estamos tão engajados que não queremos que acabe, não queremos que termine. Só sabemos o que é felicidade porque experimentamos estados em que ela não está presente ou momentos de infelicidade.

Contudo, em vez de fazer parte apenas de momentos esporádicos, a felicidade pode fazer parte de nossa vida na maioria do tempo. A arte de tornar a felicidade uma constante em nossa vida pode fazer toda a diferença em como lidamos com ela. Entretanto, precisamos dizer que não estamos defendendo que devemos ser felizes o tempo todo, ou que se em algum momento não estivermos felizes alguma coisa pode estar errada conosco... Momentos de tristeza, raiva e angústia podem e devem existir, mas o que não pode acontecer é que esses momentos sejam únicos e dominantes em nosso dia a dia. Podemos estar tristes, bravos, chateados, mas o segredo está quando viramos esse jogo e quando essas situações não abalam nosso ser e nos servem de combustível para aprendermos, sermos melhores e mais felizes.

No pilar 1 (Educar para as frustrações), falamos sobre a resiliência e dissemos que será por meio dela que seremos estimulados de maneira construtiva e consistente a encararmos as adversidades. Várias pesquisas mostram que as pessoas resilientes, isto é, pessoas maleáveis, conseguem numa situação-problema entender o que está em questão e fazer do limão uma limonada.

Além disso, existe uma série de habilidades que podemos e devemos desenvolver em nossas crianças para que possam ser pessoas mais felizes, independentemente da circunstância. Podemos classificar essas habilidades em quatro:

1. **Habilidade de criar vínculos sadios:** é muito importante que as crianças se sintam apoiadas e seguras com alguém, isto é, é importante que tenham um bom vínculo e se sintam amadas e protegidas, pois, quando existe esse sentimento de cuidado

indiretamente, as crianças sentem que alguém gosta delas; afinal, cuidado significa preocupação (não em excesso), mas só nos preocupamos com quem nos é caro.

2. **Habilidade de explorar seus pontos fortes e fracos:** estimule seus pontos fortes, pois todos temos habilidades em que somos bons; estimule esse sentimento de competência dando exemplos seus. Pode ser algo como: talvez eu não seja tão bom em desenhar, mas sou muito bom em futebol. Esse tipo de argumento ajuda a canalizar esforços, além de auxiliar a elevar a autoestima e a percepção de que cada um tem algo que é bom. Não precisamos ser bons em tudo.

3. **Habilidade de ajudar as pessoas:** estimule a criança a ajudar sempre que puder. Pesquisas americanas mostram que esse espírito colaborativo deve ser estimulado na criança desde cedo, pois quando isso acontece existe um processo que possibilita experimentar a felicidade, a alegria e a gratidão do outro. Essa habilidade pode ser exercitada em coisas simples, desde a doação de brinquedos, um abraço no amigo e até visitas a abrigos e asilos, ou ainda fazendo desenhos e outras atividades como forma de agradecimento. Estimule seu filho a essas práticas.

4. **Habilidade de responsabilidade:** toda ação tem uma reação. Quando ajudamos a criança a exercitar isso, ela vai percebendo que está inserida num mundo dinâmico no qual ela também faz diferença. Mostre que ela não está sozinha e todas as suas ações —

ou ausência de ação – influenciam seu meio de forma positiva ou negativa. Essa é uma constatação que estimula muito a participação da criança, pois a faz perceber desde cedo que ela, mais que os outros, é responsável por seus sentimentos, afetos, e isso é algo que somente ela e mais ninguém pode administrar. Ser responsável pela própria vida é um sentimento importante para saber que a felicidade depende de você, e não do outro, pois é você que vai permitir ou não esse sentimento, colocar nele a intensidade e o valor devidos. Quando a criança toma ou deixa de tomar alguma atitude, ela exerce um impacto na própria vida. Então, é fundamental mostrar que quando ela não faz nada também está sendo impactada e deve assumir os riscos dessa atitude.

A CHAVE É A SIMPLICIDADE

Outro ponto muito importante é sobre o tipo de situações em que desenvolvemos nossa felicidade. Uma das chaves para isso é a simplicidade! Isso mesmo, as crianças, em seu desenvolvimento, já fazem isso naturalmente. Sua felicidade se expressa em momentos singelos de interação e exploração. Contudo, infelizmente, nós, na condição de adultos, imprimimos nossos "conceitos" de felicidade e acabamos distorcendo o que é ser feliz; transmitimos a ideia de que ser feliz é ter alguma coisa, ganhar um presente caro, colocando a importância no ter, e não no ser.

Esse é um aspecto fundamental e que faz toda a diferença no que diz respeito àquilo a que devemos dar valor em nossa vida! Inúmeras vezes vemos pais comprando coisas para deixar os filhos felizes, ou promovendo experiências como festas de aniversários luxuosas e caras, mas muitas vezes é comum as próprias crianças nem aproveitarem a experiência, que é muito mais para satisfazer os desejos dos pais que dos filhos...

Temos certeza de que muitos filhos prefeririam a presença da família, ou experiências mais intimistas que eventos muitas vezes feitos para ostentar. Não queremos dizer com isso que não devemos fazer festas de aniversário, ou comprar brinquedos para as crianças, mas que a vida e as situações não girem em torno disso! Não temos de mostrar que somos felizes, temos de ser felizes!

É engraçado quando observamos esses momentos de felicidade de nossos filhos em seu desenvolvimento. Quem nunca viu no aniversário de 1 ano a criança ganhar um presente imenso, todos os adultos ficam admirados, e a criança, em vez de brincar com o brinquedo, muitas vezes vai brincar e explorar o papel de presente, deixando de lado o brinquedo em si. Sucatas, potes, colheres, panelas, tampas, enfim, objetos que a nossos olhos não têm valor como brinquedo, mas que para a criança é um brinquedo maravilhoso, pois o mais importante não é o objeto, e sim a experiência que se tira dele. A criança é simples, somos nós que muitas vezes as contaminamos com nossos valores.

COMO SABER DO QUE SEU FILHO REALMENTE PRECISA?

Uma pergunta que sempre devemos nos fazer é: "O que estou fazendo é um desejo meu ou de meu filho? É para me deixar feliz ou para deixar meu filho feliz?".

Conhecemos pais que compram sempre presentes para os filhos, toda semana aparecem com uma lembrancinha. Isso é algo sobre o qual precisamos refletir! Presentes devem ser dados em épocas específicas, como aniversários, dias festivos (dia da criança, Natal). Se tornarmos isso comum, o caráter de algo especial acaba. Quase sempre que compramos uma roupa para um filho ou um livro ou algo de que ele precise, o vendedor pergunta se queremos que embrulhe para presente. E a resposta é sempre "não", pois aquilo é uma necessidade, e não um presente! Presente deve ter contexto, sentido! Caso contrário, estaremos estimulando o consumismo das crianças e formando adultos que só conseguem se realizar tendo coisas, tornando-se, assim, vazios, pois a felicidade em adquirir coisas passa quando já não são novidade. Isso cria uma sensação de que só é possível ser feliz se tiver mais e mais coisas e pode até se tornar um vício.

Muitos pais usam a desculpa de que "Ah, ele merece, é bonzinho, educado, obediente!". O jeito certo de reforçar esses bons comportamentos em seu filho é agradecer e elogiar, pois o maior presente para seu filho é ser uma pessoa do bem, respeitada e admirada por outras pessoas. Ser uma pessoa íntegra que faz aquilo que fala. Existem atitudes que são naturais e esperadas, e o fato de ser assim já é uma grande realização para a própria pessoa, é o combustível que a faz ser feliz e a estimula a ter esse comportamento.

Educar para ser feliz é o fechamento de todos os pilares, pois só trabalhando com todos eles juntos teremos crianças felizes, com uma felicidade pautada em atitudes íntegras e com consistência. Assim, **educar para: as frustrações, as decisões, os conflitos, a realização, o diálogo e a aprendizagem** tem como consequência a **educação para a felicidade**. Educar para ser feliz é o resultado de um trabalho que exige dedicação, amor, respeito e consistência. É um esforço constante não só pela Felicidade de nossos filhos, mas pela felicidade de todas as pessoas. Isso porque não somos uma ilha, somos seres sociais imersos em muitas relações dinâmicas. Nossa felicidade passa pela felicidade dos outros.

CAPÍTULO 11

DA TEORIA À PRÁTICA: **CONSTRUINDO OS PILARES** EM NOSSAS CRIANÇAS, UM PASSO A PASSO

No ano de 2004, um filme fez grande sucesso: *Efeito borboleta*, que retrata uma teoria denominada Teoria do Caos, que de forma metafórica explica como algo tão pequeno, como o voo de uma borboleta, pode causar um tufão do outro lado do mundo. A mensagem do filme é que por mais insignificantes e pequenas que sejam as escolhas e os gestos, você muda sua vida inteira por esse simples ato.

Cada passo, cada movimento, cada atitude que tivermos com nossos filhos, sobretudo quando são mais novos, fará um grande diferencial na vida deles quando adultos. Muitos pais perdem a chance de ouro de estabelecer e construir uma grande relação porque acreditam que o pequeno esforço não vale a pena – errado! A consequência de suas pequenas ações pode custar toda a felicidade do mundo ao seu filho. O simples fato de você oferecer dez minutos por dia de atenção, carinho e olho no olho pode mudar totalmente a história de vida de seu filho, torná-lo uma pessoa mais humana, com valores mais sólidos, com amor ao próximo.

Estamos vivendo uma era de velocidade, uma era em que tudo é rápido e efêmero. Vivemos com a sensação de que o tempo está passando muito rápido e de que não estamos aproveitando, isto é, parece que sempre estamos perdendo algo, o sentimento de perda é uma constante em nossas vidas! E isso acontece também no processo de convivência com nossos filhos.

No entanto, sabemos que nunca será o suficiente... Nunca teremos tempo suficiente, sempre vamos achar que precisamos de mais e mais para podermos fazer o que tinha de ter sido feito, acompanhar melhor, dar mais atenção... E caímos novamente na questão do tempo!

O tempo é algo que, uma vez perdido, não temos como recuperá-lo, por isso é tão precioso e temos de efetivamente aproveitar tudo de forma completa e integral. Afinal, não tem nada pior que a sensação de arrependimento.

E se não temos tempo, o que fazer então? Aproveitar o que se tem... É exatamente isso: todas as situações que aparecerem devem ser aproveitadas, desde a hora que acordamos até a hora de dormir.

Para efetivarmos a construção dos Sete Pilares da Educação Emocional, precisamos torná-la presente em nossa vida e também na vida de nossos filhos, até porque é a constância que faz toda a diferença

O **TEMPO** É ALGO QUE, SE UMA VEZ PERDIDO, NÃO TEMOS COMO RECUPERÁ-LO, POR ISSO É TÃO **PRECIOSO** E TEMOS DE EFETIVAMENTE APROVEITAR TUDO DE FORMA COMPLETA E INTEGRAL. AFINAL, NÃO TEM NADA **PIOR** QUE A SENSAÇÃO DE **ARREPENDIMENTO**.

quando falamos do que propomos aqui, por isso vamos nos ater mais a esse tópico que é tão importante.

Ser constante diz respeito a uma qualidade... Isso mesmo, ser constante é uma qualidade de quem não falta a uma tarefa ou a um dever, que tem persistência, insistência e observação, mas cabem também outros significados como fidelidade, lealdade e, o melhor e que cabe muito bem aqui: a estabilidade de sentimentos.

Isso mesmo, quando temos uma forma de agir e a tornamos uma constante em nosso dia a dia, ela se torna um hábito, um mecanismo fundamental que auxilia no desenvolvimento das habilidades de um sujeito. São essas atitudes e esses costumes que fazem a pessoa desenvolver sua forma pessoal de aprender e lidar com as coisas. A formação de hábito possibilita mais segurança ao agir, além de autonomia, sentimentos importantes no processo de formação da personalidade dos pequenos para virarem adultos.

E a formação do hábito é um processo fácil? Infelizmente, não. É preciso muita paciência e insistência, pois, para transformarmos uma conduta num hábito, precisamos de inúmeras tentativas e repetições para que possamos incorporá-lo em nossa vida de forma saudável e construtiva. Vamos pensar em nós, adultos, que sempre estamos prometendo começar a fazer atividade física ou aprender outro idioma. Muitos começam e logo desistem... Pois é, verdadeiramente o estabelecimento de um hábito não é fácil.

Quando falamos do universo infantil, podemos perceber esses hábitos inclusos em seu meio diariamente. Por exemplo, o modo como a criança costuma agir quando está triste ou feliz, como ela expressa seus sentimentos, ou o passo a passo que tem de fazer quando quer brincar com determinado brinquedo: escolher, brincar e guardar. Essas atitudes quando feitas repetidamente viram hábitos, organizando a vida da criança e tornando-a mais previsível e, por consequência, mais segura.

Assim, para que nossos pilares sejam realmente trabalhados, eles precisam ser um hábito na família. Educar para as frustrações, as decisões, os conflitos, para realizar, para aprender, para o diálogo e para ser feliz deve fazer parte da rotina da criança e da família, aproveitando todo o tempo necessário e as situações cotidianas.

Você pode estar perguntando: "Como vocês sabem disso? Afinal, já passaram por isso?". Nossa resposta é "sim", pode acreditar, pois quem está falando aqui são pais de três filhos, um casal adolescente e um caçula de 8 anos; nesses quase dezoito anos, tendo essa dádiva e grande oportunidade de sermos pais, pudemos sentir literalmente na pele ser assim: aproveitar os momentos sejam eles quais forem.

Certa vez, quando tínhamos apenas nossa filha mais velha, estávamos em São Paulo, recém-casados, com muitas restrições financeiras, trabalhávamos de dia e de noite e nos revezávamos no cuidado com ela. O único dia em que nos víamos os três era às quintas-feiras, às vezes aos domingos. Nesses dias, conversávamos, jantávamos, enfim, aproveitávamos muito aquelas oportunidades. Muitas vezes o pai saía de um plantão e tomávamos café da manhã na padaria, hábito muito comum em São Paulo, enfim era uma festa e tínhamos de aproveitar esses momentos.

Quantas músicas cantadas no carro nos engarrafamentos, brincadeiras de letrinhas (que ajudaram muito na estimulação da alfabetização de nossos filhos), historinhas, tabuadas, continhas de cabeça... Foram tantas as atividades que criamos que até hoje as crianças lembram das músicas, das histórias e das brincadeiras.

Nesses momentos também aconteciam situações estressantes, como em uma vez em que nosso filho do meio fez uma birra imensa porque queria que eu parasse o carro para pegar uma fraldinha, o que não era necessário, pois ele conseguia pegá-la, mas ele insistia para que eu parasse o carro; como estávamos viajando e era muito perigoso parar, não satisfiz sua vontade, e o resultado foi um choro de aproximadamente uma hora. Lembro como se fosse hoje, quando finalmente cheguei ao nosso destino, olhei bem para ele, procuramos juntos sua fraldinha e perguntei o que ele tinha ganhado com aquela situação. Foi legal? Foi confortável? E, mais que isso, o que ele tinha perdido com tudo aquilo? Ele tinha aproximadamente 5 anos. Quando ele viu quão desnecessária foi aquela situação e como foi desgastante, ele mesmo chegou à conclusão de que foi errado, ruim e não tinha ganhado nada, pelo contrário todos perdemos.

Nessa situação, vários recados e mensagens foram dados à criança, mas a principal foi não ceder a uma coisa que poderia colocar em risco a segurança de todos, e ainda que mostrar que não é chorando que conseguimos o que queremos, não é mesmo?

Eu sabia que meu filho estava triste, sentindo-se frustrado, mas não poderia ceder a um capricho seu que colocava em risco a segurança de todos. E mais: ele tinha de aprender com isso que precisamos dialogar para vencer os conflitos, elencar hipóteses para que depois possamos implementar essas ideias, procurando soluções que podem ou não dar certo, mas o simples fato de já tentar colocar em prática estimula a segurança e o sentimento de realização, mostrando que todos devem e podem aprender com as situações. Deu trabalho? Muito! Foi uma situação estressante? Acredite, foi mesmo, mas foi muito importante, pois como mãe aprendi a ter mais paciência ainda, a mostrar que antes de estar preocupada em fazer o que ele quer eu deveria fazer o que é importante para ele, mesmo ele não tendo consciência disso. E eu entendia, percebia que ele estava muito bravo, mas que não faria o que ele queria, mas o que ele precisava. Isso é amar!

Por isso a importância de estar atento e ver todas as situações da vida como possibilidades de exercitar os Sete Pilares aqui propostos, tendo a constância como base para tudo isso, em todas as situações.

Numa situação de frustração, você deve agir sempre da mesma maneira, e não uma vez fazendo as vontades, outra entendendo, outra fazendo tudo para seu filho. Lembre-se: você é o adulto, o cuidador; a você é dada a responsabilidade de ter maturidade nessa relação. Você deve ser persistente e insistente, pois muitas vezes não é no primeiro conflito ou problema que a criança vai entender que não é chorando ou fazendo birra ou batendo que ela vai conseguir o que quer.

Nesses anos de consultório, não é raro ver muitos pais que têm o que chamamos de "comportamento bipolar". Veja bem, aqui não estamos nos referindo ao transtorno bipolar, um transtorno sério de origem neurobiológica que deve ser tratado por psiquiatras. Estamos fazendo uma referência ao transtorno daqueles pais que, dependendo da situação, da ocasião, têm um tipo de atitude em relação ao filho, ora fazem tudo o que o filho quer, ora ficam extremamente rigorosos proibindo tudo de forma deliberada, não mantendo fidelidade em todas as situações. Se já é combinado que quando vai ao mercado a criança não pode pedir nada ou se ela pode escolher alguma coisa, o combinado não é caro, como afirma o ditado. Seguir o combinado em determinadas situações preestabelecidas com o pleno conhecimento da criança não pode ser mudado, sob pena de a criança entender que a cada situação ela pode agir de determinada forma, de acordo com a própria vontade, e não de acordo com o que é certo e, principalmente, o que foi combinado.

Além disso, quando a cada situação nos comportamos de maneira diferente, a leitura feita pela criança e por qualquer pessoa é de insegurança, de falta de continuidade. Lembre-se de que um dos significados de continuidade é ter segurança emocional; logo, quando agimos de determinada maneira a cada hora, estimulamos uma instabilidade emocional.

Outro ponto de fundamental importância é que quando trabalhamos os Sete Pilares estamos melhorando nossas habilidades como pais e também como seres humanos, pois ninguém dá aquilo que não tem. Como você, como pai ou mãe, lida com a frustração quando é contrariado? Fica bravo, põe a culpa em alguém, age de forma totalmente irracional? É preciso refletir sobre isso, tendo em vista que as pessoas e, sobretudo, as crianças aprendem mais com o que você faz do que com o que você fala, processo que a Psicologia denomina modelagem.

A imitação é um processo fundamental que ajuda na estruturação de toda a personalidade da criança, auxiliando em sua formação integral. A imitação é uma espécie de modelagem do comportamento, de atitudes, de formas de agir e de pensar, de falar, enfim, de como os adultos, geralmente os pais, se comportam. Não é raro os vermos imitando de forma até engraçada nossa forma de falar, agir, imitando até a posição corporal, mas o que não percebemos é o tamanho da importância disso, pois eles copiam tudo de nós: coisas boas e ruins. Muitas vezes, até sem entender eles copiam.

Uma pesquisa feita por cientistas australianos[11] encontrou esse efeito

---

11 TELIS, Gisela. Kids Overimitate Adults, Regardless of Culture. *Science*. 7 de maio de 2010. Disponível em: <http://www.sciencemag.org/news/2010/05/kids-overimitate-adults-regardless-culture>. Acesso em: 26 jan. 2018.

estranho num exercício em que as crianças vão copiar tudo o que elas veem um adulto demonstrar para elas, mesmo que haja razões claras ou óbvias para que essas ações sejam irrelevantes. Isso quer dizer que ainda que os gestos não tenham significado, as crianças acabam imitando o adulto meio instintivamente, e isso é algo que sabemos que outros primatas não fazem. Se a um chimpanzé for mostrada uma ação irrelevante, ele não vai copiá-la, vai ignorar a ação que não faz algo acontecer.

Nesse experimento, foi mostrado para as crianças como abrir uma caixa, mas de maneira complicada, com ações impraticáveis e difíceis além de pouco usuais. Por exemplo, o adulto arrastaria uma vareta através de uma caixa e, em seguida, usava uma vara para abrir a caixa puxando um botão, visto que seria muito mais fácil se apenas usasse os próprios dedos. A maioria das crianças copiou o que os adultos fizeram, mesmo que tivessem a oportunidade de brincar com a caixa primeiro e descobrir como funcionava. Isso mostra que o gesto gera muito mais identificação para a criança, e ela tende a fazer sem pensar o que o adulto faz, apenas imitando-o.

As crianças são tão impactadas por nossas atitudes que mudam até o comportamento dos adultos. Outra pesquisa realizada[12] nos Estados Unidos sobre uso do cinto de segurança na década de 1990

---

12 Achievements in Public Health, 1900-1999 Motor-Vehicle Safety: A 20th Century Public Health Achievement. *Centers for Disease Control and Prevention.* 14 de maio de 1999. Disponível em: <https://www.cdc.gov/mmwr/preview/mmwrhtml/mm4818a1.htm>. Acesso em: 26 jan. 2018.

mostrou que 80% das crianças usaram cinto de segurança quando os pais usavam, quando os pais não usavam o número caía para 11%.

As crianças prestam mais atenção ao que um adulto faz que ao que ele diz. Isso, é claro, é uma visão comum e simplista, mas abre uma perspectiva profunda sobre a sociedade moderna e seus efeitos sobre as crianças. Para determinar quais valores as crianças estão aprendendo à medida que crescem, devemos olhar primeiro o que os adultos estão fazendo, e não o que estão dizendo, da maneira como as coisas parecem para as crianças, não da maneira como as coisas nos parecem. O mais importante de tudo, para que as crianças aprendam valores de seus pais pela imitação, é que os pais tenham uma presença regular, ativa e contínua na vida dos filhos. Infelizmente, os pais nos tempos modernos estão cada vez mais ausentes da vida de seus filhos durante os anos de crescimento.

As perguntas agora são para você:

1. Quando você é contrariado ou fica frustrado, qual é a sua reação? Você fica triste e nervoso, mas depois consegue racionalizar e lidar de forma construtiva com a situação?
2. Como você lida com conflitos? Consegue se colocar no lugar do outro, perceber todas as esferas envolvidas?
3. Você é uma pessoa realizadora, que procura colocar suas ideias em prática, que se propõe fazer mesmo tendo medo de errar, focando mais o processo que o resultado final?

4. E o que dizer das decisões, você decide ou prefere que os outros decidam por você? Ao decidir, você se responsabiliza pelo que decidiu ou sempre coloca a culpa nos outros?
5. Você está aberto a aprender? Gosta de ter contato com conceitos novos ou está sempre reticente e desconfiado, preferindo uma posição mais confortável a ter de aprender outras coisas?
6. Como você dialoga com as pessoas? Suas conversas são diálogos ou monólogos? Você escuta o que as pessoas têm a dizer? Coloca-se no lugar delas para verdadeiramente entender?
7. E, afinal, você é feliz? Qual seu conceito de felicidade? É de ter coisas ou de valorizar as situações, as atitudes?

Note que não conseguimos ensinar para o outro aquilo que não somos, aquilo que apenas queremos; o que fica é nosso comportamento com as pessoas, a forma com que nos dirigimos às pessoas, a forma pela qual tratamos as pessoas. Se furamos ou não o sinal de trânsito, se pedimos que nosso filho, ao atender o telefone, minta falando que não estamos em casa no caso de uma ligação não grata... Afinal, que mensagem estamos passando para os pequenos?

Em todas essas formas, a sociedade hoje está se afastando das necessidades das crianças. Por mais incrível que pareça, a sociedade moderna está cada vez mais centrada no adulto, porque o desenvolvimento da sociedade sempre implicou um futuro melhor para nossos filhos. Os adultos têm mais liberdade que nunca, especialmente a liberdade para o próprio autodesenvolvimento e autorrealização, enquanto as crianças crescem em um ambiente cada vez mais negativo.

A natureza do novo ambiente negativo, é claro, é diferente dos ambientes prejudiciais de tempos passados. Antigamente, as crianças eram espancadas, agora são negligenciadas; antes, passavam fome, agora são materialmente mimadas; no passado viviam em condições de superlotação, agora às vezes vivem em isolamento virtual. A mudança mais visível, particularmente nas últimas décadas, é uma deterioração do vínculo entre pais e filhos. As crianças não podem mais contar com o engajamento dos pais na grande missão de serem pais.

A ausência, a distância emocional ou a preocupação dos pais atingem aqueles valores que esperamos que as crianças estejam aprendendo: confiabilidade, respeito pelos outros, responsabilidade, moral, integridade, cuidado e cidadania. Cada um deles é aprendido, sobretudo, por meio de interações entre pais e filhos, nas quais é obrigatório que os pais estejam física, emocional, intelectual e espiritualmente presentes e envolvidos na vida de seus filhos.

Nesse processo de aprendizagem, o uso de nossos Sete Pilares torna-se elemento fundamental e é exercitado no dia a dia, uma

A **AUSÊNCIA**, A **DISTÂNCIA EMOCIONAL** OU A **PREOCUPAÇÃO DOS PAIS** ATINGEM AQUELES **VALORES** QUE ESPERAMOS QUE AS **CRIANÇAS** ESTEJAM **APRENDENDO**: CONFIABILIDADE, RESPEITO PELOS OUTROS, RESPONSABILIDADE, MORAL, INTEGRIDADE, CUIDADO E CIDADANIA.

prática que vai desenvolver não só as crianças, mas vai nos tornar adultos melhores e pais mais realizados e engajados.

Não existe nada mais importante que ser lembrado positivamente pelas pessoas com as quais você teve contato. Todos gostamos de ser bem lembrados e nos importamos com isso, imagine então quando essa lembrança parte de um filho. Muitos profissionais de sucesso, público ou não, atribuem como parte de sua vitória a presença dos pais em determinados momentos importantes da vida, e você, com certeza, quer ser lembrado também. Pai herói, pai da hora, paizão, não importa qual codinome você receba, o mais importante é ser lembrado como alguém que fez a diferença, que se dedicou, contribuiu, ensinou e aprendeu, vibrou junto nos melhores momentos, sofreu nos piores, mas sempre esteve ali pronto para dizer "sim" e "não" nas horas certas.

Ao estudarmos os Sete Pilares da Educação Emocional, vimos como eles são importantes no processo de desenvolvimento de nossas crianças. Contudo, mais que sabermos que esses pilares são importantes, precisamos efetivamente colocá-los em prática!

Dá trabalho, mas quem disse que não proporciona alegria e sentimento de dever cumprido? Tornamo-nos melhores e com isso teremos crianças melhores que serão adultos melhores, melhores seres humanos, mais íntegros, com valores e ética e, acima de tudo, dotados de responsabilidade.

CONCLUSÃO

Bem, se você chegou até aqui, nossos parabéns. Concluir o processo de leitura de um livro requer muita dedicação e atenção e disponibilização do artigo mais precioso que temos: o Tempo, e isso nos dias de hoje não é muito fácil, não é mesmo?

Quando fomos desafiados a escrever este livro, nos imbuímos de um espírito de fazer um raio X do que vemos diariamente, seja em nossos consultórios, em nossas palestras, em nossos cursos ou simplesmente sendo pais e vivendo muitos desafios diariamente. E podemos garantir que ser pais de três filhos em fases distintas nos proporciona um grande aprendizado.

Ser pai e mãe não é uma tarefa fácil. Sempre dizemos que ter um filho é ter uma tatuagem na cara, ou melhor, é, algo para sempre e que vai estar sempre exposto, algo que nunca será apagado e será sempre nossa marca no mundo. Isso quer dizer que filhos são os frutos que deixaremos para o mundo, são nossa herança na Terra e, consequentemente, somos muito responsáveis por isso. Muitas vezes, falamos em discursos que precisamos ter um mundo melhor, que as coisas estão difíceis, mas se efetivamente contribuíssemos sendo bons pais e fazendo de nossos filhos pessoas íntegras, com certeza teríamos um mundo muito mais humano.

Assim, nesse processo de construção, vimos que não existe um manual de instrução, como numa máquina que, quando dá algum problema ou acontece algo inesperado, existe um passo a passo muito objetivo e linear, que funciona quando colocado em prática. O processo de educação e estruturação do ser humano, de sua identidade, da formação de um sujeito acaba recebendo influência de múltiplos fatores, sendo um processo subjetivo e sinuoso, cheio de conflitos e situações, mas extremamente rico e com muitas possibilidades de crescimento para todos os envolvidos.

Trabalharmos os Sete Pilares da Educação Emocional – educar para as frustrações, para as decisões, para os conflitos, para realizar, para aprender, para o diálogo e para ser feliz – nos possibilita não uma receita pronta, mas um fio condutor que nos dê pontos a serem explorados no dia a dia, parâmetros para exercitar todas as situações da vida, aproveitando cada momento para que essas situações possam ser efetivas e construtivas, vislumbrando uma série de possibilidades palpáveis e práticas.

Atualmente, temos muitos livros que falam dessa problemática moderna que se instalou em nossas famílias: pais buscando um norte, uma forma de educar, o que é muito bom, pois estamos buscando possibilidades de exercitar mais e melhor nosso papel no contexto familiar. Nossa importância em todo esse contexto é muito grande, com um enorme peso na vida de nossos filhos, isso porque é por meio de nós que eles vão enxergar o mundo. Somos os mediadores primários de nossos filhos, isso quer dizer que seremos os primeiros a apresentar o mundo aos nossos pequenos.

Por isso é tão importante valorizarmos todas as situações de vida, utilizando acontecimentos diários e comuns que nos possibilitam tratar da educação de maneira completa e integral e mais natural possível. Não precisamos criar situações, elas devem aparecer naturalmente e ser trabalhadas como tal; e esse trabalhar sistemático é o que faz a diferença em todo esse processo!

No entanto, seria isso fácil? NUNCA, esse tipo de processo é extremamente desgastante, pois coloca à prova toda a nossa paciência e boa vontade, nos fazendo por vezes perder a calma e o chão! Quem nunca ficou muito bravo com uma birra, ou uma falta de educação, ou uma atitude que nos fez perder as estribeiras? Sim, isso acontece, até porque somos humanos, e as crianças estão sempre nos testando, testando nossos limites para ver aonde vamos chegar. Contudo, mais importante que ficarmos bravos é termos a percepção de toda essa situação, tentarmos racionalizá-la assim que possível e tomarmos as rédeas nas mãos. Quando estamos impelidos de emoção, não racionalizamos e estamos mais propensos a tomar atitudes mais irracionais e, por consequência, erradas. Por isso, controle emocional é a palavra de ordem para trabalhar uma educação de qualidade.

Nenhum pai ou mãe erra porque quer; a maioria está certa de estar tomando as atitudes corretas, de estar agindo de maneira correta e adequada, contribuindo assim para o desenvolvimento integral de seu filho, isso porque muitas vezes eles erram por estarem totalmente imbuídos de sentimentos, os quais tiram a clareza de seu verdadeiro papel de educar.

Culpa, falta de tempo, insegurança, medo, ansiedade, enfim muitas coisas que envolvem os pais em diversas situações do dia a dia acabam por dificultar a implementação de práticas saudáveis para a educação dos filhos. Ninguém gosta de dizer "não" e ver seu filho chorar, ou numa situação de conflito tomar uma atitude justa mesmo que essa não beneficie seu filho, ou exercitar decisões, estimular seu filho a aprender coisas novas, dialogar, enfim tudo isso dá muito trabalho e exige muita dedicação, dedicação de quem ama verdadeiramente e que busca educar os filhos para a vida, e essa tarefa não é fácil.

A vida, por vezes, não é justa, não é correta, somos expostos a maus exemplos e a conseguir coisas mais fáceis, com muitos jeitinhos e formas, muitas vezes não adequadas, mas muito utilizadas. Criar filhos num ambiente assim requer acima de tudo uma mudança até mesmo de hábitos e posturas, pois crianças não fazem o que se fala, elas fazem o que os adultos fazem. Ter isso em vista faz toda a diferença, uma vez que a exposição a esses exemplos deve demonstrar congruência entre o que se faz e o que se fala.

Muitas vezes ouvimos sermões como "não se pode mentir", "mentir é feio", "eu odeio mentira, filho"... Quando, porém, esse filho atende um telefonema, o pai ou a mãe fala descaradamente: "se for Fulano de Tal, fale que eu não estou...". Então o filho pensa: "Peraí, quer dizer então que eu posso mentir? As regras são maleáveis dependendo da situação?". Bem, esse é um exemplo bem importante, e como esse temos vários: pais que reclamam do uso de celular e da internet pelos filhos, mas eles mesmos ficam o dia inteiro nas redes sociais, delegando sua função para tablets e smartphones.

É por isso que falamos que ser pai e mãe é uma nova chance que temos para sermos pessoas melhores, pessoas mais íntegras, pessoas que percebem a necessidade de ser pessoas dinâmicas na sociedade, pessoas que façam a diferença tanto na própria vida quanto na vida dos que os cercam, educar para a vida é isso...

O conceito de educar para a vida é educar de maneira que crie uma pessoa autônoma, que consiga implementar as próprias ideias, seja uma pessoa resiliente e empática, uma pessoa que consiga dialogar, que esteja aberta a aprender, que saiba mediar conflitos, enfim, uma pessoa feliz!!! Uma pessoa que olhe para o próprio passado e veja a presença de pessoas especiais e fundamentais nesse processo: seus pais. Que estavam presentes e que, mais que isso, pontuaram naquele momento em que houve, por exemplo, a briga no colégio, ou quando o brinquedo estragou, ou quando os amiguinhos iam em casa, ou quando via televisão, ou quando estava emburrado fazendo tarefa, ou guardando os brinquedos, enfim pequenas coisas para os pais, mas acontecimentos que expõem um padrão de conduta que será assimilado pelos filhos tanto positiva como negativamente.

Por isso, a participação dos pais nesse processo é importante, e isso não tem a ver com a quantidade de tempo, e sim com a qualidade de tempo que pais e filhos passam juntos. Pois é nesse exato momento em que você está fazendo parte da vida de seu filho e vice-versa que estarão sendo concretizados e passados valores, ideias, pensamentos e conceitos; por isso aproveite esses momentos de forma agradável e construtiva, porque nossos filhos fazem disso suas memórias e nós, pais, também. Que tipo de memórias você quer ter daqui a dez anos, olhar para trás e ver... Contudo, você só verá se fizer algo e tiver algo para se lembrar; caso contrário, ficará, como muitos pais, arrependido e se sentindo culpado pelo fato de os filhos terem crescido e pouco ter visto ou participado desse crescimento. Lembre-se: a coisa mais preciosa é o tempo, pois, uma vez que tenha passado, não podemos recuperá-lo. Invista bem seu tempo para ter do que se lembrar e se fazer lembrar.

A vida é para ser vivida, e isso não é novidade nenhuma. Procuramos no dia a dia extrair o máximo que conseguimos dela. Algumas vezes nos chateamos e em muitas outras nos contentamos em vivê-la. É preciso entender que os riscos existem, assim como as grandes conquistas; podemos dizer que a vida é um grande jogo: quem sabe um grande videogame no qual conquistarão mais vitórias aqueles que entenderem sua estrutura, suas estratégias, sua lógica e estiverem predispostos a aprender. Para que esse jogo seja iniciado, você deve apertar o botão de *start* e iniciar sua nova jornada, definir seus objetivos familiares, definir as estratégias em conjunto, conquistar novas fases e comemorar todos os pontos conquistados.

Creia que não será fácil; contudo, nem sempre o que é fácil é verdadeiramente o melhor. Tenha certeza de que será altamente estimulante acompanhar esse processo de fazer parte de seu filho e ele também fazer parte de você, da arte de nos tornarmos pai e mãe. Sempre falamos que quando nasce um filho, nasce também um pai ou uma mãe; aquele choro do bebê tem uma correspondência também com a preocupação e a ansiedade dos pais, é uma jornada obscura, angustiante, que causa medo e insegurança, mas que quando olhamos a carinha daquele serzinho ali, totalmente dependente de nós, nos enche de disposição e coragem para enfrentar todas as situações... Nosso sono, nossa prioridade, nossa disposição, nossa necessidade nunca mais serão os mesmos, mas tudo isso vale a pena quando nos tornamos pais e, mais que isso, quando nos tornamos pais que educam para a vida.

Esse livro foi impresso
pela **Gráfica Assahi**
em papel norbrite 66,6 g.